AF144057

Patrick R. Schenk

Ich verstehe die Welt nicht mehr

Ich verstehe die Welt nicht mehr

Ein erkenntnis-theoretischer Essay
zur kritischen Auseinandersetzung
mit dem Zeitgeist

von
Patrick R. Schenk

2. Auflage

Impressum:

© 2014 by Patrick R. Schenk

2. Auflage 2015

Herstellung und Verlag: Books on Demand GmbH, Norderstedt

Umschlagdesign & Layout: MaynPrint Steffen Schenk

ISBN 9-7837-3574-0182

Inhaltsverzeichnis

Vorwort

Der im Titel zitierte Satz entstammt Friedrich Hebbels (1813 – 1863) bürgerlichem Trauerspiel Maria Magdalena und wird am Ende vom sinnend zurückbleibenden Meister Anton gesprochen. Dieses Buch ist, obwohl es einige philosophische Aspekte enthält, nicht für Philosophen und solche, die sich dafür halten, geschrieben. Es soll vielmehr „Suchenden" oder auch in unserer Gesellschaft „sinnend Zurückbleibenden" einen möglichen Weg des „Findens" aufzeigen. Es soll helfen die Welt eben ein wenig mehr zu verstehen. Ich habe versucht mich einer einfachen Sprache zu bedienen und Fremdworte oder Fachausdrücke weitgehend zu vermeiden. Nichtsdestotrotz würde ich mich freuen, wenn meine bescheidene Abhandlung auch in akademischen Kreisen ihre Leser fände.

Besonderer Dank gilt meiner Frau Susanne und meinem Bruder Steffen. Darüber hinaus gilt mein Dank all jenen, die mir bei der Erstellung des Manuskriptes behilflich waren und dieses Buch somit möglich machten. In erster Linie bedanke ich mich bei meiner langjährigen Arbeitskollegin Gisela Fälber, ohne deren kritische Anmerkungen und kluge Ratschläge dieses Buch nicht zustande gekommen wäre, sowie meinem Freund und Mentor Wolfgang Hübner.

Danken möchte ich schließlich Frau Dr. Anja Fabry und Frau Iris Rothbrust-Schuck, die mir in schwieriger Zeit geholfen haben, den richtigen Weg (wieder) zu finden.

Patrick R. Schenk

im Frühsommer 2014

Vorwort zur zweiten Auflage

Die weitgehend unveränderte zweite Auflage korrigiert einige formale Fehler und beinhaltet Angaben zu den verwendeten Bildern sowie über den Autor am Ende des Buches. Einige Leser haben mich gebeten, über den Zusammenhang von Macht und Moral in Kapitel vier ausführlicher zu werden. Ich habe dort einen kurzen Hinweis auf eine noch folgende Publikation mit dem Titel „Vom Ende der Demokratie" eingefügt, in der ich mich diesem Thema etwas umfassender widmen möchte.

Ich bedanke mich für die zahlreichen Rückmeldungen, Anregungen und Kritiken. Mein Dank gilt im Besonderen Dr. Claus Wolfschlag. Ich hoffe, dass dieses Buch in der jetzigen Fassung weiterhin zur Neugier auf das Leben und zur kritischen Auseinandersetzung mit dem Zeitgeist anregt.

Patrick R. Schenk

im Sommer 2015

Einleitung

Es gibt wohl heutzutage keinen Gedanken, der nicht schon einmal zu früheren Zeiten gedacht und auch zu Papier gebracht worden wäre. Trotzdem gibt es in allen Bereichen mehr Literatur als je zuvor, und das nicht nur, weil sich in der vernetzten Welt die Publikationsmöglichkeiten verbessert haben. Zu allen Zeiten waren die Menschen bestrebt, die sie beschäftigenden Fragen des Lebens einer Antwort zuzuführen und diese auch festzuhalten. Dabei haben sie – mit einigen ganz wenigen Ausnahmen – ihre jeweiligen und die eigene Epoche bestimmenden Umstände in ihre Überlegungen und Ausführungen mit einbezogen. Jeder Mensch ist nun mal das Kind seiner Zeit.

Warum dann also noch etwas zu Papier bringen, wenn doch alles schon da ist. Die Antwort lautet: Wiederholung! Wer fragt und sucht, der wird auch finden. So steht es schon in der Bibel. Und wer aufgehört hat zu suchen, der wird auch nicht mehr finden, was ziemlich schade wäre, da es doch bis zum Tod eines Jeden unendlich viel zu entdecken gibt. Der Mensch gehört zu den Lebewesen, die nie aufhören zu lernen. Und eine ständige Wiederholung erleichtert das Lernen bekanntermaßen und somit den Erkenntnisprozess. Wer also glaubt in den folgenden Ausführungen etwas Neues zu finden, wird sich je nach Aus- und Fortbildung enttäuscht sehen. Wer darüber hinaus annehmen sollte, dass sich allein durch das Lesen dieses Büchleins für ihn eine völlig neue Welt auftut, wird wohl sehr ernüchtert die letzte Seite umblättern.

Nichtsdestotrotz werden sich für den Einen oder die Andere in der vorliegenden Arbeit vielleicht Gedanken finden lassen, die er oder sie in dieser Form so noch nicht gelesen hat. Und allein das war ein Ansporn, diese Zeilen zu Papier zu bringen. Freunde haben mich gebeten, diese Arbeit abzuschließen und ich bin ihnen für ihre kritischen Anmerkungen sehr dankbar. Sicherlich hätte ich an mancher Stelle ausführlicher und weniger ironisch sein können. Ich weise jedoch schon jetzt darauf hin, dass es sich um einen Essay handelt und nicht mehr.

Viele Fundstellen sind hinterlegt. Der besseren Lesbarkeit halber habe ich mich aber dazu entschlossen, nicht an jeden Begriff oder jede getroffene Aussage eine Fußnote anzuhängen. Fußnoten befinden sich am Ende der Seite und nicht wie heute üblich am Ende des Buches. Es gibt nichts Lästigeres als hin und her blättern zu müssen, wenn man den Beleg einer Aussage oder Quelle nachvollziehen möchte. Die Angabe von Lebensdaten im Text erfolgte zumeist nur bei Verstorbenen. Ein ausführliches Literaturverzeichnis findet sich am Ende des Buches und hilft bei der Vertiefung einzelner Kapitel. Es enthält sowohl zitierte als auch nicht zitierte und damit weiterführende Literatur, die bei der Vertiefung des einen oder anderen Themenkomplexes hilfreich ist. Für kritische Anmerkungen bin ich jederzeit sehr dankbar.

Kapitel 1

(Natur-)Wissenschaftliche Grundlagen

Es kann das Eine nicht ohne das Andere geben.

Das Gesetz der Polarität

Die erste Erkenntnis des Menschen ist die Existenz der Polarität. Das Eine kann es nicht ohne das Andere geben. Das Sein ist das Gegenteil des Nichtseins, des Nichts. Dieses Prinzip, so banal es uns vorkommen mag, scheinen viele Menschen in ihrem täglichen Leben zu übersehen oder nicht wahrnehmen zu wollen, was schwerwiegender ist. Mit seiner Geburt sieht sich der Mensch dem Gesetz der Polarität unterworfen. Er verlässt den geschützten Mutterleib und landet meist schreiend in der Welt von Gut und Böse, Tag und Nacht, Himmel und Erde, oben und unten etc. Diese polare Welt begleitet uns das ganze Leben lang. Und die gesamte Wissenschaft kann ohne Position und Negation nicht auskommen.

Würde man das, was wir Bewusstsein[1] nennen, auf das Wesentliche beschränken, so benötigten wir ein irgendwie geartetes Sein, welches sich von dem Nichts, das uns nur schwer vorstellbar ist, abgrenzt. Und das Sein, das Etwas bedarf eines irgendwie gearteten Raumes. Somit lassen sich das Sein innerhalb eines Raumes und das Nichts als die wesentlichen Bestandteile des Bewusstseins bestimmen.

Obwohl die moderne Physik bewiesen zu haben scheint, dass es innerhalb unseres Universums Räume ohne Zeit gibt, ist der Faktor Zeit ein wesentlicher, der nicht unerwähnt bleiben kann. Das Bewusstsein bedarf der Zeit, weil es sich nur innerhalb der Zeit irgendetwas vergegenwärtigen kann. Ohne den Faktor Zeit würde das Bewusstsein sich seiner selbst oder anderer eben nicht *bewusst sein.*

Die These, dass unser menschliches Bewusstsein eines Raumes und der Zeit bedarf, ist nicht unumstritten. Sie scheint aber die heute führende zu sein und wurde daher hier kurz an den Anfang gestellt.

Die Polarität begegnet uns nicht nur in der Naturwissenschaft. Sie begegnet uns in der Liebe zwischen Mann und Frau oder im Sport zwischen zwei Wettbewerbern. Im Fußball beispielsweise muss „das Runde bekanntermaßen ins Eckige". Sie ist allgegenwärtig in der materiellen Welt. Wie würden wir die Gesundheit schätzen lernen, wenn wir nicht wenigstens einmal die Erfahrung der Krankheit gemacht hätten. Wie könnten wir uns über einen Sieg freuen, wenn wir nie eine Niederlage erlitten hätten. Die Polarität ist zugleich der Baustein des irdischen Lebens. Ohne die Pole würde unsere Erde nicht so sein, wie sie ist und das Leben hätte sich (vermutlich) anders entwickelt.

---

[1] Bewusstsein könnte man als das bloße verstandesmäßige Gegenwärtig-Haben von Gegenständen, Zuständen und gegebenenfalls Erlebnissen definieren. Diese Definition ist auf Christian Wolff (1679 – 1754) zurückzuführen. Ob sie allerdings nicht schon einmal vor ihm in gleicher oder wenigstens ähnlicher Form gegeben wurde, kann ich weder behaupten noch widerlegen.

Magnetismus, Elektrizität, einfach alles, was unsere materielle Welt ausmacht, ist polar.

An dieser Stelle sei ein kurzer Exkurs zum Begriff der **Wissenschaft** erlaubt. War die Wissenschaft ursprünglich *das systematische Ganze der Erkenntnis*, aufbauend auf dem Prozess eines hypothetisch-deduktiven[2] Systems von Aussagen und Sätzen, ist sie heute ein in sich zergliedertes Gebilde von Wissenschaft**en**. Die Wissenschaftler kommunizieren zwar noch untereinander, aber nicht mehr miteinander. Dem Atomphysiker dürfte es schwer fallen Teilchenmodelle und Ergebnisse seiner Arbeit dem Renaissance-Kunsthistoriker zu vermitteln. Und der sich im internationalen Kartellrecht auskennende Fachjurist hat wohl so manche Schwierigkeit juristische Entscheidungen bestimmter Gerichtshöfe oder auch Supreme-Courts dem Diplompädagogen näher zubringen. Eines ist jedoch gleich geblieben: Die Wissenschaft versuchte stets im Rahmen eines Verifizierungs- oder Falsifizierungsprozesses Thesen zu bestätigen bzw. zu widerlegen. Dabei muss sie fortwährend (wie der Mensch selbst) ein hohes Maß an Flexibilität an den Tag legen. Denn das, was heute wissenschaftlich bewiesen zu sein scheint, kann

Der Satellit „Goce" nahm das Schwerefeld der Erde auf
Foto: ESA

Erde ist gar nicht rund!

München – So krumm haben wir unsere Erde noch nie gesehen! Der ESA-Satellit „Goce" hat das Schwerefeld des Planeten mit bisher unerreichter Genauigkeit vermessen. Das Ergebnis: Die Erde ist nur annähernd eine Kugel, sieht eher aus wie eine Kartoffel.

morgen schon wieder zur Hypothese werden. Ohne an dieser Stelle in Details abzuschweifen und dem Kapitel 2 vorgreifen zu wollen, hat es doch eine Zeit gegeben, in der mit hohem wissenschaftlichen Aufwand der Beweis geliefert wurde, dass die Erde eine Scheibe sei. Es war sozusagen die „herrschende Meinung". Darauf folgte der Beweis, dass die Erde eine Kugel sei. Und heute scheinen wir zu wissen, dass die Erde einem ziemlich zerdellten, quasi-runden Schwamm gleicht.

Quelle: Bild-Zeitung, ESA

---

[2] Hypothese = unbewiesene Annahme von Tatsachen mit dem Ziel, sie durch Beweise zu bestätigen oder auch zu widerlegen; Deduktion = Ableitung des Besonderen und Einzelnen vom Allgemeinen im Gegensatz zur Induktion = Schluss vom besonderen Einzelfall auf das Allgemeine bzw. Gesetzmäßige

Der kurze Exkurs hat gezeigt, dass auch die Wissenschaftstheorie nicht ohne Polarität auskommt.[3] Einer These folgt in der Regel die Anti- oder Gegenthese. Der Deduktion steht die Induktion gegenüber, einem Obersatz folgt der Untersatz usw. Dieses polare System erfährt in der Wissenschaft eine simple Auflösung: Der klassische Dreisatz, der schon in der Mathematik so manchem Schüler Schwierigkeiten bereitet. These und Antithese können in einer Synthese aufgehen. Nach dem Obersatz folgt auf den Untersatz ein Schlusssatz, die Conclusio. Die Polarität erfährt eine Auflösung oder anders gesagt ihre Ergänzung durch einen zusätzlichen dritten Punkt. Zwischen den Polen ist ja bekanntermaßen nicht nichts, sondern etwas, nämlich in der Mitte der Äquator. Und so gibt es auch zwischen völlig gegensätzlichen Auffassungen zumeist eine vermittelnde Ansicht. Ein ganzer Berufszweig, die sogenannte Mediation, lebt davon.

Eng verbunden mit dem Gesetz der Polarität ist der Automatismus von Ursache und Wirkung. Tue ich irgendetwas, so wird dies eine Wirkung erzielen. Schlage ich beispielsweise mit der flachen Hand auf einen Tisch, so entsteht ein Geräusch und die Moleküle in meiner Handfläche erfahren eine Veränderung, die durch meine Nervenzellen einen Reiz in meinem Gehirn auslösen. Je nach Heftigkeit des Schlages kann dies zu Schmerzen führen oder auch nicht. Zusätzlich löst der Schlag ein Geräusch aus, welches ebenfalls abhängig von der Heftigkeit des Schlages sehr laut oder leise sein kann. Wir sollten uns ständig vergegenwärtigen, dass alle unsere Handlungen wenigstens eine, meistens mehrere Wirkungen auslösen.

Warum aber ist die Erkenntnis der Existenz einer allgegenwärtigen Polarität so wichtig? Sie ist wichtig, weil wir in unserer westlich zivilisierten Welt, die manche gerne auf dem gesamten Globus als vorherrschend sehen würden, heutzutage dazu neigen, diese Erkenntnis der Existenz der Polarität durch eine permanente Ausgleichung zugunsten vermittelnder Ansichten oder aber der Beibehaltung eines einzigen Zustands abzuschaffen suchen. Wer will nicht im permanenten Zustand des Friedens leben? Wer möchte sich nicht steter Gesundheit erfreuen? Und wer möchte nicht im Rausch ewiger Liebe schwelgen? Zugegebenermaßen wird es einige Menschen geben, die das nicht wollen. Es dürften aber wenige sein und ihre Gründe dafür sind wahrscheinlich recht schnell zu analysieren. Die Beibehaltung eines einzigen Zustands ist jedoch unserer Welt, wie wir sie kennen, nicht immanent. Insofern dürfen wir uns der Erkenntnis ruhig stellen und die Polarität als den Grundbaustein menschlicher Existenz ansehen. Die Polarität ist und bleibt der wesentliche Erkenntnisbaustein unseres Lebens, bestimmt unsere Welt und, wie wir sehen werden, sogar die Materie, aus der wir gemacht sind und die uns umgibt.

---

[3] Die Polarität findet sich selbst in der wissenschaftstheoretischen Debatte wieder, wo zwischen begrifflich-spekulativem Systemdenken oder empirisch-induktivem Denken teilweise gestritten wird. Eine Auseinandersetzung, die aber für die folgenden Abhandlungen wenig bedeutsam ist.

Das mechanistische Weltbild

Sir Isaac Newton (1643 – 1727), so schreibt unter anderen Stephen Hawking, war kein angenehmer Mensch.[4] Mit Sicherheit war er jedoch eine Ausnahmegestalt unter den Naturwissenschaftlern seiner Zeit. Was die Wissenschaft ihm zu verdanken hat, kann nicht hoch genug eingeschätzt werden. Newton entdeckte die gegenseitige Anziehung von Massen, was wir heute Gravitation nennen, schloss aus dem dritten Keplerschen Gesetz, dass die dabei wirkende Kraft umgekehrt proportional dem Quadrat des Abstands der beiden Körper ist, entdeckte bei der Erforschung des Lichts das Sonnenspektrum und die Farbenringe, vermutete früh, dass Licht aus Teilchen bestehe, fand unabhängig von Gottfried Wilhelm von Leibniz (1646 – 1716) die Grundlagen der Differential- und Integralrechnung und entwickelte ein System von Prinzipien, auf dem die klassische Mechanik aufbaut. Mit Newton entwickelte sich eine „moderne Wissenschaft", die noch heute maßgebend ist und für jeden Studenten, Wissenschaftler und Anwender die Grundlage seines Forschens und Handelns bildet.

Auf der Grundlage dieser Erkenntnisse entwickelten sich die modernen Naturwissenschaften, die heute für unseren Luxus und unsere technischen Errungenschaften verantwortlich sind. Ohne Newtons Wissenschaft hätte sich vermutlich keine Automobil- und Luftfahrtbranche entwickelt, keines unserer modernen Hightechgebäude würde heute in die Höhe ragen und auch die gigantischen Schiffe und Brückenbauwerke würden so nicht existieren. Jedoch kann man das mechanistische Weltbild nicht auf die Architektur oder Maschinenkonstruktion beschränken. Auch in der Biologie und Chemie ist es herrschend. Durch hervorragende Elektronenmikroskope ist es uns gelungen in die Welt der Mikroorganismen vorzudringen. Bakterien, Viren und Phagen sind uns in Aufbau und Funktion teilweise so vertraut wie eines unserer liebgewonnen Haustiere, wenn auch mit dem Unterschied, dass wir sie nicht ganz so ins Herz geschlossen haben, weil sie uns erheblichen Schaden zufügen können. Das mechanistische Weltbild ist quasi der Vorläufer des heute in der westlichen Welt weit verbreiteten und vorherrschenden materialistischen Weltbildes. An dieser Stelle erspare ich mir einen Ausflug in die von Karl Marx (1818 – 1883) begründete Philosophie des historischen und dialektischen Materialismus. Vielmehr soll hervorgehoben werden, dass die Vorstellung, die Materie beherrsche und bestimme unsere gesamte Existenz, die vorherrschende und einzig zutreffende Wahrheit ist. Ich bevorzuge den Ausdruck mechanistisches Weltbild alleine deshalb, weil es zutreffender die von uns heute geschaffene Welt beschreibt. Der Begriff der Materie hat in den letzten 150 Jahren so viele Wendungen erfahren, dass der Materialismus mir eher verwirrend als (er-)klärend erscheint. Und wir werden noch

---

[4] Stephen Hawking, Eine kurze Geschichte der Zeit, Reinbek 1988, S. 223-224

sehen, dass wir an Grenzen stoßen, wenn wir der Materie auf den Grund gehen wollen.

In den westlichen Gesellschaften neigen wir dazu, die sich uns darstellende Welt im wahrsten Sinne des Wortes genau „erfassen" und in einem weiteren Schritt alles um uns herum Wahrnehmbare genauestens bestimmen und berechnen zu wollen. Wie schon gesagt, ist innerhalb des materialistischen oder wie von mir bevorzugt, mechanistischen Weltbildes die uns umgebende und unsere Existenz ausmachende Materie das einzig Wahre. Und unseren Sinnen, so oft sie uns auch einen Streich spielen mögen, kommt dabei die wesentliche Rolle zu. Denn, was wir nicht sehen, hören, riechen, fühlen oder schmecken können, erscheint uns nicht real, also unwirklich, ja sogar nicht existent.

Albert Einstein (1879 – 1955) entwickelte auf der Grundlage von Newtons Erkenntnissen seine Relativitätstheorie und war bis zu seinem Tod darum bemüht, eine einheitliche mathematische Beschreibung des Universums und kausale Gesetzmäßigkeiten gegenüber dem Dualismus der Atomphysik herzustellen. Es sollte ihm nicht gelingen. Die moderne und bisweilen sehr theoretische Astrophysik hat Einsteins Gedanken weiterentwickelt, und wir glauben heute zu wissen, dass in unserem sich ziemlich schnell ausdehnenden Universum neben der uns bekannten Materie, auf die eine Anzahl von Kräften einwirkt, auch eine sogenannte „dunkle Materie" existiert. Das Hubble-Teleskop ermöglichte uns völlig neue Bilder des Universums und gibt berechtigten Anlass zu der Vermutung, dass es in den uns bekannten Teilen des Universums eine Vielzahl von Galaxien, sogar regelrechte Galaxienhaufen gibt. Wie man in Anbetracht dieser Bilder und Dimensionen heutzutage immer noch die Behauptung aufstellen kann, wir Menschen seien die wohl alleinige Intelligenz im Universum, erscheint geradezu vermessen und überheblich. Aber Überheblichkeit ist ja bekanntermaßen auch eine sehr menschliche Eigenschaft. Jedenfalls entwickelte Einstein ein uns heute noch beherrschendes Bild der Welt und des Universums, in dem sie sich befindet. Was Albert Einstein im Makrokosmos, also den Planeten, Sternen, Sternenhaufen, Galaxien und schwarzen Löchern beschrieb, und was ihn mit seinen Kollegen Boris Podolsky und Nathan Rosen zu interessanten Gedankenexperimenten veranlasste, führte jedoch bei der Untersuchung der kleinsten uns bekannten Bausteine des Lebens, nämlich der Atome und Moleküle, zu überraschenden Feststellungen. Doch bevor wir uns diesen zuwenden, möchte ich kurz noch die vier Kräfte erwähnen, ohne die unsere Welt nur schwer zu verstehen ist.

Wenn man die Welt in der uns erscheinenden Form und Funktion begreifen will, kommt den Kräften eine überragende Bedeutung zu.[5] Schon die antiken Philosophen erkannten die „Mutter aller Kräfte", die Schwerkraft. Eine zunächst einmal einfach zu verstehende Kraft, die sich in dem simplen Beispiel nachvollziehen lässt, dass auf unserer Erde alle Gegenstände nach unten und

---

[5] Harald Lesch, Astrophysik [Die Elemente, Naturphilosophie, Relativitätstheorie & Quantenmechanik], München 2011, S. 31

nicht gen Himmel fallen. Neben dieser Mutter oder auch „Königin aller Kräfte" haben wir noch die elektromagnetische sowie die starke und die schwache Kernkraft. Sie alle bestimmen das Leben auf unserem Planeten und sind in mehr oder weniger komplexen Experimenten nachweisbar. Und wieder einmal war es Sir Isaac Newton, der die ersten Beweise lieferte und ein in sich schlüssiges Bild einer auf klassischen, der Mechanik unterworfenen Gesetzen basierten Welt schuf, ein mechanistisches Weltbild eben. In dieser Welt ist alles errechen- und messbar und wenn auch nicht genauestens vorhersagbar, so doch zumindest plan- und weitestgehend kalkulierbar: Eine uns vertraute Welt, welche die Zivilisationen, so wie sie sich uns heute darstellen, hervorgebracht und uns nicht nur einen gewissen Wohlstand, sondern auch die uns im Leben so wichtige Sicherheit gebracht hat. In dieser Welt weiß ein Architekt genau, wie viele Stockwerke er übereinander bauen kann, ohne dass sein Haus einstürzt und ein Rennfahrer weiß, welche Reifen er aufzuziehen hat, damit sein Automobil auch noch bei 450 km/h „sicher" auf der Straße bleibt.

πάντα ῥεῖ
(Panta rhei)
„Alles fließt"
Heraklit

Die moderne Quantenphysik und die Suche nach der Antwort

Auf fachfremdem Gebiet ist stets äußerste Vorsicht geboten. Man kann sich leicht der Lächerlichkeit aussetzen, wenn man auf einem Wissenschaftsgebiet etwas behauptet oder gar wissenschaftlich zu begründen versucht, auf welchem Fachleute schon seit Jahren forschen. Deswegen weise ich gleich zu Beginn dieses Abschnittes auf die am Ende aufgeführte Literatur hin. Dem interessierten Laien seien jedoch schon jetzt die Bücher von Harald Lesch[6], John Polkinghorne[7], Fritjof Capra[8] und Jörg Starkmuth[9] empfohlen. Außerdem werde ich mich hüten neue Behauptungen oder Thesen aufzustellen, sondern versuche nur in der gebotenen Kürze und mit einfachen Worten zu erläutern, was kluge Köpfe herausgefunden haben.

Es waren die beiden Physiker Erwin Schrödinger (1887 – 1961) und Werner Heisenberg (1901 – 1976), welche die Welt, so wie sie bis dato bekannt war, veränderten. Heisenbergs sogenannte „Unschärferelation", teilweise basierend auf Schrödingers und Max Plancks (1858 – 1947) Forschungen, hatte in ihrer Komplexität doch ein simples Ergebnis: Je genauer der Mensch etwas zu beobachten versucht, desto schwieriger bis unmöglich ist die Betrachtung. Oder auch anders formuliert, je näher ich mir die Materie betrachten möchte, desto unschärfer, verschwommener und unbestimmter wird sie. Diese Er-

---

[6] Harald Lesch, a. a. O.
[7] John Polkinghorne, Quantentheorie (Eine Einführung), Stuttgart 2006
[8] Fritjof Capra, Das Tao der Physik, Frankfurt am Main, 4. Aufl., Frankfurt a. M. 2008
[9] Jörg Starkmuth, Die Entstehung der Realität, 2. Aufl., Bonn 2006

kenntnis ist eine wesentliche und das zuvor kurz dargestellte Weltbild wenn auch nicht erschütternde, so doch sehr störende Erkenntnis. Alles, was wir im Makrokosmos betrachten und klar zu definieren scheinen, entzieht sich im Mikrokosmos dieser klaren Definition. Doch wie konnten die neugierigen und klugen Forscher zu dieser Erkenntnis gelangen?

Wie schon angedeutet waren es zuerst die antiken griechischen Philosophen, welche die sie umgebende Welt beschreiben wollten. Und als wahrscheinlich erste Kultur schrieben sie die sie beschäftigenden Fragen und darauf gegebenen Antworten auch auf. Thales von Milet, Empedokles, Parmenides, Heraklit und Anaximander sowie Leukipp und Demokrit sind nur einige Namen, die sich mit der Frage „Was ist die Welt?" beschäftigten, worauf sodann Platon und Aristoteles ihre Vorstellungen in großen Schriften beziehungsweise Dialogen niederschrieben. Die „Vier-Elemente-Lehre" der antiken Philosophen von Feuer, Wasser, Erde und Luft stellte sich jedoch an der Schwelle vom späten Mittelalter zur Neuzeit als etwas zu kurz gegriffen heraus. Es sollte allerdings eine geraume Zeit dauern, bis ein Mann mit dem Namen Niels Bohr (1885 – 1962) ein Atommodell entwickelte, auf dem noch heute unsere Vorstellungen von der Materie beruhen.

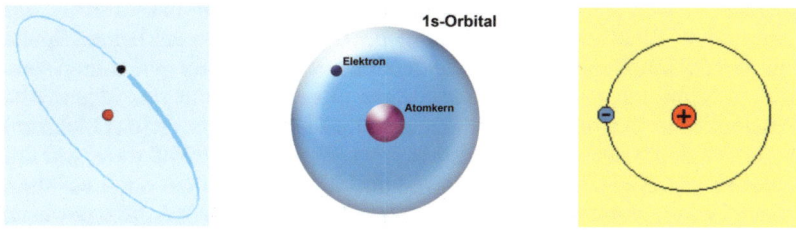

Drei simple Modellaufzeichnungen des Wasserstoffatoms aus dem Internet.

Wenn man sich das Element Wasserstoff unseres Periodensystems „betrachtet"[10], ist festzustellen, dass ein negativ geladenes Teilchen (Elektron) um einen positiv geladenen Kern kreist bzw. rast. Was die bildhaften Modelle nicht darstellen, ist, dass sich der genaue Standort des Elektrons nur schwer bzw. gar nicht ausmachen lässt. Ebenso wenig ist zutreffend abgebildet, dass die Entfernung zwischen Kern und Elektron geradezu gigantisch ist. In Relation gesetzt, würde sich das Elektron auf der Spitze des Eifelturms befinden, während der Kern gerade einmal die Größe eines Pfefferkorns am Boden aufwiese.[11] Der vermeintlich kleinste Baustein der Materie, das Atom, besteht folglich aus leerem Raum, nur zusammengehalten durch Kraft. Die Ladungen

---

[10] welch gewagtes Wort in diesem Zusammenhang
[11] Starkmuth, a. a. O., S. 76

der Teilchen und die durch Anziehung bzw. Abstoßung hervorgerufene Energie sind wesentlich.

Dass das Atom, abgeleitet aus dem griechischen Wort *atomos* = unteilbar, nicht unteilbar ist, haben eine Vielzahl von Versuchen, die heute in riesigen Teilchenbeschleunigern durchgeführt werden, bewiesen. Der winzige Kern besteht aus Protonen und Neutronen. Weitere Teilchen, die teilweise Materie durchdringen, wie die Neutrinos oder Quarks, die einen eigenen Spin aufweisen, konnten nachgewiesen werden. In immer aufwendigeren und kostspieligen Experimenten finden Wissenschaftler neue Teilchen, die schon kurz nach ihrer Entstehung wieder zu zerfallen scheinen. Durch Hitze können Elektronen aus dem Atom herausgelöst und mit Hilfe elektrischer Felder in bestimmte Richtungen gelenkt werden.[12] Die Aufprallenergie des Elektrons kann dabei an andere Elektronen abgegeben und der Energieüberschuss in Form von Lichtblitzen gemessen werden.[13]

Das sogenannte „Doppelspalt-Experiment", welches den abgeleiteten Elektronenstrahl durch eine Blende mit einem Doppelspalt auf einen Leucht- bzw. Detektorschirm wirft, brachte ein erstaunliches Ergebnis. Sowohl Materie (Teilchen) als auch Licht verhalten sich manchmal wie eine Ansammlung von Teilchen und manchmal wie eine Welle (*Welle-Teilchen-Dualismus*). Prinzipiell lassen sich Materie und Licht mit denselben Formeln beschreiben. Das „unteilbare" Elektron muss jedoch irgendwie durch einen der beiden Spalte auf den ein Interferenzmuster abbildenden Detektorschirm gekommen sein. Hier erlaube ich mir ein längeres Zitat anzuführen, um das eigentliche Phänomen der Quantentheorie darzulegen: „Nehmen wir an, es [das Elektron] habe sich durch den oberen Spalt A bewegt. Wenn dies der Fall wäre, war der untere Spalt B eigentlich überflüssig und hätte ebenso gut auch vorübergehend geschlossen werden können. Wenn jedoch nur Spalt A offen gewesen wäre, wäre das Elektron nicht mit größter Wahrscheinlichkeit auf den Punkt in der Mitte des Detektorschirms aufgetroffen, sondern auf einen Punkt gegenüber von Spalt A. Da dies aber nicht der Fall ist, muss man schlussfolgern, dass es nicht durch Spalt A kommen konnte. Wenn wir das Gedankenexperiment für Spalt B wiederholen, kommen wir zu dem Schluss, dass das Elektron auch nicht durch Spalt B kommen konnte. Was aber ist dann in Wirklichkeit geschehen? [...] Wir gelangen zu dem Schluss, dass sich das unteilbare Elektron durch beide Spalte bewegt haben muss. [...] Der Bewegungszustand des Elektrons entsprach der Überlagerung der beiden Zustände, d. h. der Bewegung durch Spalt A und der Bewegung durch Spalt B."[14]

Die zwei sehr allgemeinen Merkmale der Quantentheorie sind **A.**: Es ist unmöglich geworden sich den Ablauf des physikalischen Geschehens bildlich vorzustellen, und **B.**: Es lässt sich nicht mehr genau vorhersagen, was gesche-

---

[12] Starkmuth, a. a. O., S. 81
[13] ebda.
[14] Polkinghorne, a. a. O., S. 43/44

hen wird, wenn wir eine bestimmte Beobachtung machen.[15] Dies lässt sich weiter zuspitzen in den Aussagen, dass das Verhalten, welches man feststellt, von der Entscheidung abhängt, wonach man sucht, oder auch anders ausgedrückt: es ist prinzipiell unmöglich, etwas zu beobachten, ohne es dadurch zu verändern, denn wie gesehen, wirken sich im subatomaren Bereich Veränderungen spürbar auf das Beobachtungsergebnis aus.[16]

Materie ist also eine Form stark gebündelter Energie. Sie ist mehr ein Zustand als eine Substanz. Die feste Substanz erscheint als ein Produkt unserer Wahrnehmung[17], sich in dem uns umgebenden Raum (und der Zeit) zurecht zu finden. „In der Welt der Atome oder subatomaren Teilchen gelten die Gesetze der normalen Mechanik [...] nicht mehr."[18] Vielmehr zeigt sich ein „Multiversum", ein vom jeweiligen Betrachter in gewissen naturwissenschaftlichen Grenzen abhängiger Möglichkeitsraum. In diesem Mikrokosmos gibt es keinen Stillstand. Alles scheint in einer mal schnell mal langsam fließenden Bewegung zu sein. Dass hier das jüngst entdeckte „Higgs-Teilchen" die von den Physikern so sehr erwarteten neuen Erkenntnisse zur Beschreibung einer die gesamte Welt erklärende Formel („Weltformel") mit sich bringt, darf zu Recht bezweifelt werden. Und so wird die Suche nach einer Antwort auf die Frage „Was ist die Welt?" die theoretische Physik noch eine Weile beschäftigen.

„Die Entstehung der Quantentheorie ist ohne Zweifel selbst ein hervorragendes Beispiel dafür, wie die *physikalische Realität* der Wissenschaft die Notwendigkeit zum ständigen Umdenken auferlegt."[19] Die Entscheidung zwischen einer deterministischen[20] oder nicht-deterministischen Interpretation der Quantentheorie „hängt nicht einfach von physikalischen Messungen, sondern von metaphysischen Grundentscheidungen ab"[21]. Der Naturwissenschaftler kommt folglich um eine hinter der sinnlich erfahrbaren, natürlichen Welt liegende und die letzten Gründe und Zusammenhänge des Seins behandelnde Disziplin nicht herum.

Der reduktionistische Ansatz[22], immer weiter in kleine und kleinste Teile von Teilen durch Spaltung einzudringen, verspricht damit im Hinblick auf ein ganzheitliches Verständnis der Welt (ja sogar nur Teilen von ihr) keinen Erfolg. Wie will man den Wald erkennen und verstehen, wenn man sich der Elementarstruktur der Rinde eines einzelnen Baumes zuwendet? Und daher scheint sich hinter sehr altem Wissen viel Wahrheit zu verbergen, das ich hier bewusst ohne Fundstelle wiedergebe. Dem Suchenden möchte ich überlassen herauszufinden, von welchem „Meister" die folgenden Worte stammen:

---

[15] Polkinghorne, a. a. O., S. 43/44
[16] Starkmuth, a. a. O., S. 92
[17] Starkmuth, a. a. O., S. 77, 81
[18] Harald Fritzsch, Elementarteilchen, München 2004, S. 26
[19] Polkinghorne, a. a. O., S. 124
[20] Determinismus = Lehre von der kausalen (Vor-)Bestimmtheit alles Geschehens
[21] Polkinghorne, a. a. O., S. 128
[22] zum reduktionistischen Ansatz siehe insbes. Lesch, a. a. O., S. 34 ff.

„Seit uralters her grübeln die Menschen dem Rätsel der Materie nach.
Phantasten, Mystiker, exakte Wissenschaftler versuchten in ihr Innerstes
einzudringen, vorzustoßen in das Unteilbare ihres Wesenskernes, die Bau-
steine zu ergründen, die sie in den Atomen gefunden zu haben glauben.
Wie oft wechselten ihre Spekulationen. Angefangen von dem starren, raum-
erfüllenden, mit einem Haken versehenen Atomgebilde des Demokrit, über
das dynamische Bosceovich'sche Atom zu den von Wirbelringen gebildeten
Wirbelatom des Lord Kelvin zur modernen Elektro-Atomistik. Geronnene
Elektrizität sozusagen ist der Stoff. Aufgelöst ist er in Schwärme von
Elektronen, die in bestimmter Zahl in festgelegte Bahnen um den positiv
geladenen Atomkern rasen. Dass auch das Atom kein Unteilbares, dafür
spricht seine Zertrümmerung eine grauenvolle Gewaltsprache zugleich die
Hypothese von seiner Existenz bestätigend. Entkleidet ist die Materie ihrer
trügerischen Form; Bewegung, Kraft von unvorstellbarem Ausmaß ist ihr
eigentliches Element. Es gibt kein Festes, kein Stoffliches; Schwingung,
Strahlung ist das Wesen jedweder Substanz.“

Die Quantentheorie bietet Raum für die These, dass jeder Beobachter und
damit jeder Mensch selbst der Schöpfer seiner eigenen Realität ist. Dies ergibt
auch einen gewissen Sinn. Wäre alles in unserer Welt genau vorhersagbar,
wären auch unsere tagtäglich getroffenen Entscheidungen schon vorherbe-
stimmt. Ob ich aufstehe, mir einen Kaffee koche, zur Arbeit gehe oder nicht,
all das wäre genauestens festgelegt und jeder Mensch wäre (nur) ein „pro-
grammiertes“ Miniteilchen im durch den Urknall angestoßenen Perpetuum
mobile des Lebens. Allerdings besteht auch kein berechtigter Anlass zu einer
sogenannten „Quanteneuphorie“, wie es Polkinghorne beschreibt. „Nur die
Bewusstseins-Interpretation weist den Wahrnehmungen eines bewussten
Beobachters eine durch nichts zu ersetzende Rolle zu.[23] Die Transformation
der Möglichkeit zur Wirklichkeit kann nur innerhalb der vorgegebenen
Potentialität der Welt der Quanten erfolgen.“[24] Eine Begründung für telepathische Fähigkeiten liefert die Quantentheorie ebenfalls nicht.[25] Unserem
Bewusstsein allerdings, Dinge wahrzunehmen, zu erkennen, ja sogar zu
gestalten, scheint eine weit größere Bedeutung zuzukommen als in der
Vergangenheit angenommen. Auf dem Weg von Mikroteilchen, über Atome,
Moleküle und Aminosäuren zum komplexen Menschen scheint die bewusste
Beobachtung und Wahrnehmung ein wesentliches Element der Realitäts-
entstehung zu sein. Eine interessante Erkenntnis, die zu verinnerlichen es
gilt.

---

[23] Polkinghorne, a. a. O., S. 132
[24] ebda.
[25] ders. S. 119, 134

Coito ergo sum.
Abwandlung des bekannten Satzes
«cogito ergo sum» von René Descartes

Der materielle Mensch und seine Sexualität

In dieser Welt aus Atomen, Molekülen, Teilchen, Raum und Zeit befindet sich der materielle Mensch. Er besteht zu ca. 70% aus Wasser, also H_2O. Seine gesamte Erscheinung lässt sich naturwissenschaftlich bestimmen. Seine chemische Zusammensetzung, die elektrischen Impulse, die von ihm ausgehen und auf ihn einwirken, welche Reize welche Reaktion hervorrufen können, was seine Gene über ihn aussagen und welches Gen für welche Eigenschaft verantwortlich ist, scheinen fast lückenlos ermittelt zu sein. Und doch gibt uns der Mensch immer noch ein paar Rätsel auf. Besonders rätselhaft sind die „seelischen Abgründe" des Menschen, die selbst ausgewiesene Fachleute ab und zu darüber staunen lassen, welch eine Bestie der Mensch sein kann. Aber ich möchte mich lieber nicht mit der „Bestie Mensch" beschäftigen, sondern herausfinden, was der Mensch ist und vielleicht auch warum er es ist.

Zunächst einmal ist jedoch festzuhalten, dass der Mensch in seinen räumlichen Dimensionen beschränkt ist. Die einem jeden bekannten drei Dimensionen beherrscht der Mensch in seinem näheren Umfeld fast perfekt. Höhe, Breite und Tiefe stellen kein Hindernis für den modernen Menschen dar. Mit der vierten Dimension ist es schon schwieriger, weil der Mensch die Zeit nur in eine Richtung beherrscht. Es geht eben nur vorwärts und nicht mehr zurück. Die moderne Physik ist sich sicher, dass es mindestens 11 unterschiedliche Dimensionen gibt und rechnet mit sogenannten n-dimensionalen Räumen. Theoretisch und mathematisch interessant, werden diese sieben weiteren Dimensionen dem Menschen materiell erfahrbar voraussichtlich dauerhaft verschlossen bleiben.

Wollen wir den Mensch in seiner Ganzheit betrachten, kommen wir wohl nicht darum herum **drei** wesentliche Teile zu sehen: **Körper**, **Geist** und **Seele**. Oft werden Geist und Seele synonym verwendet. Ich halte eine Trennung jedoch für wichtig. Der Körper ist zweifellos das stoffliche Gerüst, aus dem wir bestehen. Der Geist ist die teilweise messbare Größe, die unser Denken und unsere Intelligenz bestimmt. Aber was ist die Seele? Während Körper und Geist in unserem Verständnis mess- und abbildbar sind, dürfte uns dies bei der Seele schwer fallen. Deswegen passt die Seele wohl nicht so recht in dieses Kapitel und wir kommen vielleicht später noch auf sie zurück oder auch nicht.

Ganz zweifelsohne ist unser Gehirn die Schaltzentrale unseres Bewusstseins. Und weil das so ist, hat sich ein Wissenschaftsgebiet entwickelt, welches sich ausschließlich dem Gehirn zuwendet: die Hirnforschung. Nach neueren Forschungen steht fest, dass die dynamischen Zustände der vielen Milliarden miteinander verknüpften und wechselwirkenden Neuronen der Großhirnrinde ein Maß an Komplexität offenbaren, das unser Vorstellungsvermögen übersteigen wird.[26] „Das System Großhirnrinde" bewegt sich in einem unvorstellbar hochdimensionalen Raum fortwährend von einem Punkt zum nächsten und während dieser Wanderung verändert sich das System dauernd. Es kann niemals an ein und denselben Ort in diesem Raum zurückkehren. Darin liegt auch begründet, dass wir Zeit als nicht umkehrbar erleben.[27] Denn, ob die Expansion des Kosmos für die Richtung der Zeit allein verantwortlich ist und die Zeitsymmetrie die grundlegenden Naturgesetze bricht, sind bisher unbeantwortete Fragen.[28] Unser Gehirn jedenfalls ist zu weitaus mehr imstande, als wir ihm abverlangen. Die nichtlinearen hochdimensionalen Prozesse in unserem Gehirn sind jedoch für unser an eine drei- bzw. vierdimensionale Welt gekoppeltes Vorstellungsvermögen ohne größere Bedeutung. Unsere kognitiven Leistungen sind an die mechanistische Welt gebunden, in der die Gesetze der klassischen Physik, der kausalen Wechselwirkungen und der nichtrelativierbaren Koordinaten von Raum und Zeit gelten. Die Frage, warum die Natur unserem Gehirn diese hochkomplexen Eigenschaften verliehen hat, wenn es doch vornehmlich um die Analyse linearer Prozesse geht, kann noch nicht abschließend beantwortet werden. Wolf Singer zufolge liegt der geniale Trick jedoch wohl darin, „die niedrigdimensionalen Signale, die von den Sinnesorganen geliefert werden, in hochdimensionale Zustandsräume zu transportieren, sie dort zu verarbeiten und die Ergebnisse dann wieder zurück auf den niedrigdimensionalen Raum zu transformieren, in dem die Verhaltensreaktionen stattfinden."[29] Die hochdimensionalen nichtlinearen Prozesse bleiben uns dabei verborgen und wir nehmen nur die niedrigdimensionalen Ergebnisse wahr.

Ganz offensichtlich hält unser Bewusstsein uns in der uns umgebenden Raumzeit „gefangen", weil wir uns nur hier zurechtfinden und im wahrsten Sinne des Wortes überleben können. Die theoretischen Möglichkeiten diese zu verlassen, sind aufgrund der vorangegangen dargestellten Untersuchungsergebnisse jedenfalls gegeben.

Dass die Entwicklung des Gedächtnisses und damit die Fähigkeit sich zu erinnern einen entscheidenden Fortschritt in der Menschwerdung gespielt hat, steht dabei außer Frage.[30] Auch die Genforschung gewinnt zunehmend an Bedeutung und es scheint nur noch eine Frage der Zeit zu sein, wann der menschliche genetische Code vollständig entschlüsselt ist. Dass unser genetischer Code allerdings keine unumkehrbare Barriere zu sein scheint, versuchen neuere Untersuchungen zu belegen. Der (Molekular-)Biologe Jörg Blech kommt in seiner Abhandlung „Gene sind kein Schicksal" zu dem Ergebnis, dass sobald ein Mensch etwas macht, was ihm gut tut, sich die epi-

---

[26] Wolf Singer, Das Gehirn – ein Orchester ohne Dirigent, Festvortrag anlässlich der Jahresversammlung der Max-Planck-Gesellschaft in Rostock, 2005
[27] ebda.
[28] Hans-Joachim Blome und Harald Zaun, Der Urknall, 2. Aufl., München 2007, S. 53
[29] Singer, Das Gehirn – ein Orchester ohne Dirigent
[30] Thomas Junker, Die Evolution des Menschen, 2. Aufl., München 2008, S. 53f.

genetische Signatur zu seinen Gunsten verändert.[31] Ja sogar das körperliche Erscheinungsbild könne auf molekularer Ebene gesteuert werden.[32] Und Michael König empfiehlt in seinem „kleinen Quantentempel" sogar die Selbstheilung mit Hilfe der modernen Physik.[33]

Sicherlich darf die dabei aufkommende Euphorie nicht ganz außer acht lassen, dass es sich bei diesen neuesten Untersuchungsergebnissen ähnlich verhält wie mit der Quantentheorie. Die Beantwortung einer Frage wirft in der Regel 10 neue weitaus schwerer zu beantwortende Fragen auf. Und so geht es weiter. Wichtig ist jedoch schon an dieser Stelle festzuhalten, dass es keine anscheinend unverrückbaren Wahrheiten mehr gibt, sondern nur noch gut formulierte Thesen. Der Placebo-Effekt scheint eine weitaus größere Rolle zu spielen, als bisher angenommen. Glaubt ein Mensch zutiefst an etwas, geht es in Erfüllung – zumindest in den physikalisch gesetzten raumzeitlichen Grenzen.

Schließlich sind wir Menschen auch das Ergebnis einer langjährigen Evolution. Eine sehr gute Einführung in die Evolution findet sich bei Brian und Deborah Charlesworth.[34] Sie stellen komprimiert den Stand der Forschung innerhalb der letzten 140 Jahre dar. Eng verbunden ist die Evolution mit der Selektion. Was sich in der Natur bewährt, lebt weiter. Eine Erkenntnis, die zu abenteuerlichen sozialtheoretischen Auswüchsen im 19. und 20. Jahrhundert geführt hat, deren Folgen Millionen Menschen das Leben kostete. Aber die Natur (und der Mensch als ein Bestandteil derselben) ist nun einmal wenig barmherzig. Sie ist! – ohne Überlegung und ohne das, was den Menschen einzigartig macht: Vernunft, Liebe, Entsagung, Vergebung und so weiter und so fort. Der Mensch musste unter schwersten Bedingungen lernen, sich gegen die raue Natur zu behaupten und bezahlte mit vielen Leben dafür. Heute muss er in kürzester Zeit lernen umzudenken und die für ihn bisweilen ach so feindlich Natur zu schützen, damit er sich nicht seiner eigenen Lebensgrundlage beraubt. Es ist schon viel verlangt und ein echte Zwickmühle, dass der Mensch, das, was ihn das Leben kosten kann und in der Vergangenheit auch kostete, nun schützen soll – und zwar uneingeschränkt.

Ob der Mensch jedoch tatsächlich eine und zwar notwendige Entwicklungsstation vom Einzeller hin zur komplexen mehrzelligen Lebensform darstellt, kann auch durch die Evolutionsgeschichte nicht beantwortet werden. Indizien sprechen dafür. Aber verlässliche Fakten bietet die Evolutionstheorie nicht.

An dieser Stelle komme ich jedoch nicht umhin etwas zur Sexualität zu sagen und zwar aus zwei Gründen. Zunächst einmal würden wir ohne Sexualität nicht existieren. Rein biologisch gesehen, ist die Fortpflanzung, und damit

---

[31] Jörg Blech, Gene sind kein Schicksal, Frankfurt a. M. 2010, S. 261
[32] ebda.
[33] Michael König, Der kleine Quantentempel, Berlin, München 2011
[34] Brian und Deborah Charlesworth, Evolution, Stuttgart 2012 (englische Originalausgabe 2003)

die Verbreitung der eigenen Gene, der eigentliche Sinn des Lebens.[35] Der Sexualtrieb ist ein elementarer Trieb, der unsere Fortpflanzung und damit den Fortbestand unserer Art „Homo" sichert. Und weil er ein solch elementarer Trieb ist, der gleich nach dem wichtigsten Lebenserhaltungstrieb, nämlich dem „Fresstrieb" kommt, wird er in der modernen, audio-visuell bestimmten Welt schamlos ausgenutzt. Die Verbindung zweier Faktoren kennzeichnet die menschliche Sexualität: genetisch bedingtes Instinktverhalten zum einen und sozial- und verhaltensbiologisch bestimmte Entscheidungsprozesse zum anderen. Man könnte dies als ein Dilemma bezeichnen. Denn auf der einen Seite unterliegen wir mit unserer Geburt ganz speziellen Verhaltensmustern, die uns quasi in die Wiege gelegt sind und sich nicht ohne weiteres abstellen oder korrigieren lassen, und auf der anderen Seite sind wir frei in unserer Entscheidung, Sexualität auf die eine oder andere Weise mit der einen oder anderen Intensität zu leben.

Beobachtungen bei unseren nächsten Verwandten, den Schimpansen und Bonobos, haben gezeigt, dass es unterschiedliche Verhaltensmuster gibt, die eigenen Gene (nicht die Art Homo!)[36] weiterzugeben. Ob der Mensch eher zur Promiskuität[37] oder zur Monogamie neigt, wird wohl zugunsten der ersten Variante beantwortet werden müssen. Dies erklärt auch die schon in frühen Gesellschaften und bis heute streng auferlegten Regeln, sich monogam verhalten zu müssen. Bigamie ist in den meisten Staaten strafbar. Warum sollte man dies festschreiben, wenn es der Spezies Homo sapiens ohnehin zu Eigen wäre, mit nur einem Partner (dauerhaft) zusammen zuleben.

Betrachten wir uns ein ganz banales Untersuchungsergebnis: Während für Frauen das sogenannte „H+H-Prinzip" gilt, findet auf das männliche Geschlecht das sogenannte „B+B-Prinzip" Anwendung. Moderne Untersuchungen haben erwiesen, dass das menschliche Auge den Körper eines potenziellen Sexualpartners systematisch „scannt". Vom Gesicht abgesehen, welches ganz zielgerichtet über Augen, Stirn, Nase, Mundpartie und Kinn „abgetastet" wird, schauen Frauen bei Männern zunächst auf die Hände (H_1) und dann auf das Gesäß, sprich den Hintern (H_2). Männer hingegen betrachten bei Frauen zunächst die Beine und die Beckenpartie (B_1) und dann, wen sollte es wundern, den Busen (B_2). Von einigen Ausnahmen abgesehen, haben Untersuchungen, welche mittels einer speziellen Brille den jeweiligen Blicken folgend vorgenommen wurden, zu diesem Ergebnis geführt. Die Gründe dafür sind verhältnismäßig simpel und liegen in unserem genetisch bedingten Instinktverhalten. Der Mensch ist, wie erwiesen wurde, von der Geschlechtsreife an bis zum fortgeschrittenen Alter auf der Suche nach einem potenziellen Sexualpartner, um sein genetisches Material weiterzugeben, also seinen persönlichen Fortbestand zu sichern. Für beide Geschlechter ist die Wahl des richtigen Sexualpartners wichtig. Nur mit ihm kann sicher gestellt werden,

---

[35] Junker, a. a. O., S. 48
[36] ebda.
[37] Promiskuität = Geschlechtsverkehr mit verschiedenen, häufig wechselnden Partnern

dass es zu einer erfolgreichen Befruchtung und Aufzucht des Nachwuchses kommt. Frauen mit langen Beinen, einem gebärfreudigen Becken und großem Busen versprechen Fruchtbarkeit und Beständigkeit. Männer mit gepflegten Händen und einem wohlgeformten Gesäß versprechen Kraft und in einem erweiterten Sinn Durchsetzungsfähig- und Geschicklichkeit. Die Gründe sind sicherlich etwas vielschichtiger und hängen unter anderem wohl auch damit zusammen, dass Frauen nach einem Mann suchen, der neben guten Genen genügend Investitionsressourcen für die eine Frau und die gemeinsamen Kinder hat, während Männer eine Frau suchen, die fruchtbar und in der Lage ist Kinder aufzuziehen.[38] Entscheidend dabei ist, dass wir ganz unbewusst auf solche Faktoren achten und uns danach richten. Und hier unterliegen wir, wie in vielen anderen Bereichen auch, der Mode. Was heute noch sexy ist, kann morgen schon wieder „out" und „abturnend" sein. Festzuhalten bleibt im Ergebnis aber: Langfristig gesehen legen Frauen Wert auf Ressourcen und Männer wollen Sicherheit in Bezug auf ihre Vaterschaft. Es gibt einige Strategien, welche Männer und Frauen diesbezüglich entwickelt haben. Theoretisch ist es zwar möglich, dass diese Verhaltensweisen kulturell erlernt sind, besonders wahrscheinlich ist es aber nicht.[39] Und so darf es nicht verwundern, dass Männer fortgeschrittenen Alters sich gerne mit jungen Frauen umgeben, während reifere Damen sich mit dem gut situierten Herren schmücken, der ihnen und gegebenenfalls ihren Kindern ein sorgenfreies Auskommen sichert.

Diese Verhaltensmuster existieren bereits im Kindesalter. Ein ebenso spannendes wie erheiterndes Experiment wurde mit Kleinkindern und diese nicht kennenden Babysittern durchgeführt. Der ungefähr zwei Jahre alte Junge wurde in einen Mädchenanzug gesteckt und das gleichaltrige Mädchen dementsprechend umgekehrt. Peter hieß Nina und Nina wurde zu Peter. Die Babysitter sollten sich in einem Raum, in dem allerlei unterschiedliches Spielzeug vorhanden war, eine Stunde mit den Kleinen beschäftigen. Instinktiv wollten die Babysitter den Jungen mit dem Ball und den Bauklötzen unterhalten und im Nachbarraum sollte das Mädchen mit den Puppen spielen. Genau das taten die Kinder auch, nur dass der „rosarote Peter" zum Ball griff und „Nina" im hellblauen Jungenanzug mit den Puppen spielen wollte. Die sichtlich verwirrten Babysitter wurden im Nachhinein aufgeklärt und staunten nicht schlecht.

Offensichtlich legen Kinder schon von Geburt an ein geschlechtsspezifisches Verhalten an den Tag. Mädchen neigen eher zu dem einen (Puppen) und Jungs zu dem anderen (Ball) Verhalten. Sollte allerdings der kleine Peter gerne rosafarbene Anzüge tragen und mit Puppen spielen, wären die Eltern gut beraten, keine allzu großen Hoffnungen darauf zu hegen, dass er mal ein großer Fußballer mit besonders männlichen Attributen wird. Vielleicht entwickelt er sich ja zu einem hervorragenden Balletttänzer à la Rudolf Nurejew.

---

[38] Junker, a. a. O., S. 68
[39] Junker, a. a. O., S. 77

Ich sage dies völlig vorurteilsfrei, allerdings nicht ohne eine gewisse Kritik an modernen, dem Zeitgeist verpflichteten pädagogischen Ansätzen einer sogenannten „Geschlechter-freien" oder „Geschlechts-neutralen" Erziehung, da es diese nicht geben kann.

Heutzutage ist die multimediale Welt geprägt durch den Sex. Ungefähr 70 % des Internets haben einen sexuellen Hintergrund. Pornographie, Kontakt- und Anzeigenmärkte, Sexchats und der Handel mit sogenanntem Sexspielzeug bestimmen unzählige Webseiten rund um den Globus. Wer sich früher noch seiner sexuellen Deviation schämen musste und nicht wusste, wem er sich anvertrauen oder wo er Gleichgesinnte finden konnte, braucht heute nicht lange zu suchen. Mit Ausnahme extremer Strafhandlungen wie Pädophilie, Nekrophilie oder sonstiger exzessiver Gewalthandlungen ist jede Abnormität[40] zahlreich im world wide web vertreten. Und selbst die harmloseste Suchanfrage auf Google führt nicht selten zu einer Seite, über deren Inhalt man sich bisweilen sehr wundert. Es ist spannend zu beobachten, wie eine Jugend mit dieser Reizüberflutung umgehen wird. Noch vor 100 Jahren herrschte vereinzelt die Auffassung vor, dass Masturbation bzw. Onanie zu Rückenmarkerweichung oder Blindheit führt. Oswald Kolles offener Umgang mit Sexualität und Alfred C. Kinseys Report über sexuelles Verhalten lösten noch in der Nachkriegszeit des 20. Jahrhunderts gesellschaftliche Differenzen größten Ausmaßes aus. Heutzutage bedarf es in den „modernen" Gesellschaften der westlichen und teilweise auch ostasiatischen Welt keiner Sexualaufklärung mehr. Die Jugend von heute weiß teilweise besser über Sexualität Bescheid, als ihre Eltern. Nur die ersten Erfahrungen mit der Liebe werden sich wohl niemals ändern.

Letztendlich sind wir Menschen sowohl bestimmt durch unsere Sozialisation, tief in uns verankerte archaische Prinzipien und unsere Gene auf der einen Seite als auch frei in unserer Entscheidung und unserem Handeln auf der anderen. Ein Dilemma sicherlich und doch nichts anderes als ein weiterer Beweis des Polaritätsprinzips. Der ständige Druck den ureigensten Triebgefühlen nachzugeben oder aber sich sowohl alltäglichen Pflichtaufgaben wie hochgeistigen, ja vielleicht asketischen Dingen zuzuwenden, ist die Herausforderung nicht nur des frühen 21. Jahrhunderts. Wir alle werden geradezu Reizüberflutet und sehen uns in den Wohlstandsgesellschaften (und zwar nur dort!) tagtäglich mit dem *3F-Faktor*[41] konfrontiert. *Sex sells* und *Liebe geht* bekanntermaßen *durch den Magen*. Die zwei Bedürfnisse Sex und Essen bestimmen fast 100 % der täglich auf den in großen Metropolen lebenden Men-

---

[40] Was heute noch als der Norm entsprechendes Sexualverhalten oder doch von ihr abweichendes bezeichnet werden kann, ist fast nicht mehr zu sagen. Die „Internationale statistische Klassifikation der Krankheiten und verwandter Gesundheitsprobleme" (engl. ICD) sowie das „Diagnostische und Statistische Handbuch psychischer Störungen" (engl. DSM) enthalten gewisse Definitionen und Klassifikationen. Mir jedenfalls erscheinen Begriffe wie Abnormität oder Perversion im Hinblick auf die menschliche Sexualität des 21. Jahrhunderts eigentlich überholt. Ich habe Abnormität aber ausnahmsweise noch einmal dem Begriff der „sexuellen Vorliebe" vorgezogen.

[41] 3F-Faktor = Fressen, Ficken, Fernsehen

schen einströmenden audio-visuellen Reize. In der Literatur rangiert das Thema Sex mit Abstand vor den Themen Tod und Geld auf Platz eins. Wir sind Getriebene und in unserem Streben nach Sicherheit, der Ur-Sicherheit zu überleben, unterliegen wir dem Zwang weiterleben zu müssen, und zwar in unseren Kindern. Denn sie sind das Einzige, in dem wir nach unserem Tod durch die genetische Weitergabe „materiell fortleben". Dass der Fortschritt des 20. Jahrhunderts es hervorgebracht hat, Sexualität ohne die zwangsläufige Folge von Nachkommen praktizieren zu können, ändert nichts an dem inneren Antrieb. Es verschlechtert die Gesamtsituation eher. Die menschliche Sexualität zur Wende vom 20. auf das 21. Jahrhundert scheint das eingängigste Muster zu sein, das eigene Leben an stoischen[42] oder falsch verstandenen epikureischen[43] Grundsätzen auszurichten. Außer eine moderne Gesellschaft verschiebt die Fortpflanzung gänzlich in Richtung „Retorte".

Wir unterliegen heute, mehr denn je zuvor, einem ständigen Appell an den „inneren Schweinehund in uns". Warum wir dazu neigen unserem Körper große Mengen von sogenanntem „fast food" zuzuführen, hängt mit dem Essensmangel weit vorangegangener Generationen zusammen. Der frühe Mensch musste hungern, weil die Ressourcen knapp oder schwer zu beschaffen waren. Fettvorräte im Körper durch zuckerhaltige oder fettreiche Nahrung anzulegen, hieß, auch in mageren Zeiten überleben zu können. Dieses Prinzip hat sich über Jahrtausende in uns manifestiert und bringt uns heute dazu, es immer noch zu leben, obwohl in den reichen Nationen der Welt ein Nahrungsmangel nicht vorhanden ist; zumindest noch nicht. Eine auf ständiges Wachstum und Konsum ausgerichtete Wirtschaftsordnung nutzt dies jedoch aus, trotz des Risikos, dass eine krankhaft verfettete Gesellschaft dieses System, ja sogar sich selbst, zu Fall bringen kann.

Der archaische (Ur-)Mensch verhüllte sich nicht. Die Bedeckung des Körpers entstand erst in einer Zeit als die Menschen in größeren, über die eigene Sippe hinausgehenden Gemeinschaften zu leben begannen. Es bedurfte dieser körperlichen Verhüllung nicht nur wegen des Schutzes vor Kälte, sondern auch, weil der Mensch sich nicht eines sexuellen „Dauerreizes" ausgesetzt sehen wollte. Wir müssen zur Kenntnis nehmen, dass visuelle, olfaktorische und alle weiteren Reize unser tägliches Handeln weit mehr beeinflussen, als wir denken. Wir Menschen von heute sind nur einen Wimpernschlag von unseren nächsten Verwandten entfernt. Die Entwicklung des Gedächtnisses und einer Urteilskraft entheben den Menschen nicht seines Triebverhaltens.

Ein Blick in unsere Geschichte zeigt, dass der Mensch zur Wiederholung verdammt zu sein scheint. Und bevor ich mich in Kritik einer neuzeitlich degenerierten Gesellschaft übe, stelle ich mich der Frage, wie ist der Mensch überhaupt entstanden? Diese Frage führt zwangsläufig zum nächsten Kapitel.

---

[42] Stoa = um ca. 300 v. Chr. begründete Philosophenschule, deren oberste Maxime der Ethik darin bestand, in Übereinstimmung mit sich selbst und mit der Natur zu leben und Neigungen und Affekte als der Einsicht hinderlich zu bekämpfen

[43] Auf Epikur zurückgehende Lehre, die materiellen Freuden des menschlichen Daseins unbedenklich zu genießen

Kapitel 2
Im Schweinsgalopp durch die Geschichte

„Der Mensch ist das Maß aller Dinge...“
(ἄνθρωπος μέτρον...)
Protagoras

Die Entstehung des Menschen

Charles Darwin (1809 – 1882) schreibt man zu, dass der Mensch vom Affen abstamme.[44] Selbst ich lernte noch in der Schule, dass es DEN Urmenschen gab und sich dann der moderne Mensch, der Homo Sapiens entwickelte. Das geschah halt irgendwie so. Die Wissenschaft ist heute etwas weiter. Wir wissen heute, dass es eine Vielzahl unterschiedlichster Hominiden gab, die sich über Jahrmillionen entwickelten und auch wieder ausstarben. Eine These jagt heute die andere. Von der Urmutter „Lucie“ bis hin zu verschiedenen „Kreuzungstheorien“ versucht die Wissenschaft eine Antwort auf die Frage zu finden, wie denn der moderne heutige Mensch mit der wissenschaftlichen Bezeichnung Homo sapiens sapiens entstanden sein könnte. Aber diese Antwort ist (noch) nicht gefunden.

Eine sehr gute kurze Abhandlung über die Frühzeit des Menschen findet sich bei Friedemann Schrenk[45], der sich mit der gebotenen Vorsicht ausdrückt, wenn er in seinem letzten Kapitel schreibt, dass es die „Vorstellung von der Entstehung des modernen Menschen wiedergibt“[46]. Was wir heute mit an Sicherheit grenzender Wahrscheinlichkeit sagen können, ist, dass die Wiege des modernen Menschen in Afrika zu liegen scheint. Dies mag wenig verwundern, wenn man sich die Hochkultur des frühen Ägyptens betrachtet, über die im nächsten Kapitel noch zu reden sein wird. Doch zurück zur Entstehung des Menschen.

Wir sehen uns interessanterweise mit zwei Entstehungsansätzen konfrontiert: Da ist zum einen die moderne Archäologie bzw. Paläoanthropologie, die mit Hilfe von Ausgrabungen, fossilen Knochenfunden und weitgehenden Untersuchungen bis hin zur Genetik versucht, die Entstehung des modernen Menschen zu ergründen. Zum anderen haben wir die unterschiedlichsten Religionen bzw. frühmenschlichen Überlieferungen, die uns eine Antwort auf die Entstehung des Menschen geben wollen. Die wohl populärste unter ihnen ist die, dass Gott den Menschen nach seinem Ebenbild geschaffen hat.[47] Beschäftigen wir uns jedoch zunächst mit den archäologischen bzw. paläoanthropologischen Versuchen.

---

[44] Charles Darwin hat in 'Die Abstammung des Menschen' von 1871 dies jedoch nie so geäußert.
[45] Friedemann Schrenk, Die Frühzeit des Menschen, 5. Aufl., München 2008
[46] Schrenk, a. a. O., S.104
[47] Die Bibel, 1. Buch Mose, 27

Die Paläoanthropologie ist die Wissenschaft von den fossilen Menschen und untersucht die Faktoren und Prozesse der Menschwerdung in ihrem räumlichen und zeitlichen historischen Zusammenhang.[48] Sie arbeitet mit naturwissenschaftlichen Methoden wie zum Beispiel mit der Messung der magnetischen Polarität der in vielen Sedimenten enthaltenen Eisenpartikel für Datierungen[49] oder der Radiokarbonmethode zur Altersbestimmung[50]. Immer wichtiger für die Paläoanthropologie wird die Molekulargenetik, die versucht, aus Unterschieden in DNS[51]-Sequenzen heute lebender Menschen Rückschlüsse auf die Menschheitsgeschichte zu ziehen.[52] Und obwohl trotz schwierigster Bedingungen in der Fossilienfindung eine große Anzahl bedeutender Funde vorliegt, „fehlen im Puzzle der Stammesgeschichte der Hominiden mehr als 99,99 Prozent (!) der Teile, die unsere Herkunftsgeschichte vollständig belegen könnten."[53]

Trotz dieser nicht besonders erfreulichen Zahl haben wichtige Entdeckungen, wie unter anderem die Mary Leakeys[54] (1913 – 1996) zu einem doch recht abgerundetem Bild geführt. Wir können die Menschheitsgeschichte heute bis zu ca. 6 Millionen Jahre zurückverfolgen. Vor ca. 6 Millionen Jahren nämlich verließen aufgrund klimatischer Veränderungen erste Primaten die Bäume schützender, aber schwindender Wälder, entwickelten den aufrechten Gang und wurden zu Hominiden. Schon vor ca. 3,6 Millionen Jahren war der aufrechte Gang voll entwickelt.[55] Wir haben es mit sogenannten Australopithecinen und in der Folge weiterer Hominiden zu tun, wie beispielsweise dem „Homo rudolfensis" oder dem „Homo habilis", denen wiederum „Homo ergaster" und „Homo erectus" folgen.

Vor ca. 700 Tausend Jahren entwickelte sich aller Voraussicht nach der uns gar nicht mehr so unähnliche „Neandertaler". Er sollte allerdings, trotz seiner Zähigkeit, bald vom modernen Menschen mit der Bezeichnung Homo sapiens verdrängt werden. Derzeit finden eine Reihe von Altersdatierungen statt und man vermutet, dass sich der frühe archaische Homo sapiens, von dem Überreste beispielsweise im heutigen Sambia, Tansania und Äthiopien gefunden wurden, vor ca. 500 bis 200 Tausend Jahren entwickelt haben könnte. Ihm sollte daraufhin der moderne Homo sapiens folgen.[56]

---

[48] Schrenk, a. a. O., S. 7
[49] Schrenk, a. a. O., S. 15
[50] Schrenk, a. a. O., S. 14
[51] DNS = Desoxyribonukleinsäure, als kleinste Molekularverbindung des Zellkerns zugleich Trägerin der Erbinformation
[52] Schrenk, a. a. O., S. 21
[53] Schrenk, a. a. O., S. 9
[54] Berühmt wurde Leakey durch ihren 1959 gemachten Fossilienfund eines der ältesten Vertreter der Gattung Hominini.
[55] Schrenk, a. a. O., S. 39
[56] Schrenk, a. a. O., S. 116

Auf eine Frage hat die Wissenschaft jedoch noch keine Antwort gefunden: Wie konnte der moderne heute lebende Mensch, der sich vor ca. 200.000 bis 150.000 Jahren entwickelt hat, in weniger als 100.000 Jahren über die gesamten Erde ausbreiten, alle anderen Hominidenarten einschließlich des relativ erfolgreichen und widerstandsfähigen Neandertalers verdrängen und sich zum alleinigen und absoluten Herrscher über die Welt entfalten? Der rasante Sprung vom archaischen Menschen zum modernen Menschen, dem Homo sapiens sapiens, vollzog sich auf die gesamte Millionenjahre während Menschheitsgeschichte bezogen geradezu in einer Millisekunde. An dieser Stelle werden gerne doch recht hanebüchene Erklärungen abgegeben, wie zum Beispiel die, dass der Mensch durch eine fleisch- und damit eiweißhaltigere Ernährung ein größeres Gehirn und somit ein besseres Erinnerungs- und Denkvermögen entwickelt hätte. Das vermag jedoch nur wenig zu überzeugen, wenn man bedenkt, dass Millionen Jahre vor uns schon Hominiden Fleisch verzehrt haben. Nein, auf die Frage warum der Mensch vor ca. 50 bis 40 Tausend Jahren, also nach der letzten großen Eiszeit zur Zivilisation fand, sesshaft wurde, begann Ackerbau und Viehzucht zu betreiben und soziokulturelle Strukturen zu entwickeln, haben Archäologie, Paläoanthropologie, Evolutionstheorie und Genetik noch keine befriedigende Antwort gefunden. Lediglich ein multiregionaler Ursprung des modernen Menschen scheint unwahrscheinlich.[57] Dieses plötzliche Auftreten allerdings und dazu noch an einem „zentralen Ort" nährt den Gedanken eines „Schöpfungsaktes", so unbefriedigend dies aus wissenschaftlicher Sicht auch sein mag.

Wenn also die Naturwissenschaft an dieser Stelle versagt oder, freundlicher ausgedrückt, eine überzeugende Antwort schuldig bleibt, ist es angebracht sich dem zweiten Entstehungsansatz zuzuwenden, nämlich dem religiösen. Nach allen uns bekannten Überlieferungen der unterschiedlichen frühkulturellen Gesellschaften stammt der Mensch von einem oder mehreren Göttern ab[58] oder wurde von ihnen „erschaffen". Interessanterweise ist der alttestamentarische biblische Gott ja auch nicht ganz alleine, sondern von seinen Engeln umgeben. Besonders interessant sind dabei die frühen Hochkulturen. Und wer sich mit der die gesamte westliche Welt prägenden jüdisch-christlichen Religion befasst, kommt um den Entstehungsbericht der Sumerer nicht herum. Sie waren die Ersten, die etwas schriftlich fixierten, und es besteht der begründete Verdacht, dass nachkommende Kulturen sich auf die sumerischen Schriften bezogen oder, brutaler ausgedrückt, von ihnen abschrieben.

Bereits um ca. 3.600 v. Chr. wurden erste sumerische Texte in Form von Urkunden und Inventar-Listen aufgezeichnet.[59] Doch einen ganz besonderen Platz unter den frühen Aufzeichnungen nimmt das sogenannte „Gilgamesch-

---

[57] Schrenk, a. a. O., S. 116

[58] Ausnahmen hiervon bilden archaische Naturvölker, die in der Natur und ihren Formen (Flüsse, Wälder, Seen etc.) selbst gewisse Gottheiten zu erkennen glaubten.

[59] vgl. Walther Sallaberger, Das Gilgamesch-Epos, München 2008, S. 124

Epos" ein. Der Inhalt dieser gewaltigen Erzählung ist relativ schnell wieder gegeben. Der sagenhafte, sein Volk unterdrückende König von Uruk, Gilgamesch erlebt mit dem von den Göttern als Gegenspieler erschaffenen Enkidu eine aufregende Zeit und beide werden unzertrennliche Freunde. Der Tod Enkidus führt zu Gilgameschs Suche nach dem ewigen Leben, wo er am Ende der Welt auf Utnapischti trifft, welcher ihm von der Sintflut berichtet. „Erfüllt mit dem Wissen um den Platz des Menschen im Kosmos kehrt Gilgamesch nach Uruk zurück."[60]

Große Verdienste hat sich der umstrittene amerikanische Autor Zecharia Sitchin (1920 – 2010) erworben, indem er fast sein ganzes Leben dieser sehr frühen Kultur im Zweistromland zwischen Euphrat und Tigris und ihrer Keilschrift gewidmet hat. Sitchin kam wohl als einer der Ersten auf die Idee, dass die sumerischen Aufzeichnungen und das Gilgamesch-Epos als eine der berühmtesten Quellen tatsächliche und nicht nur fiktive Grundlagen haben könnten. Die sich später in anderen Kulturen wiederfindende Sintflutgeschichte dürfte auf wahre Begebenheiten zurückzuführen sein, die mit der Eisschmelze nach der letzten großen Eiszeit in Zusammenhang stehen. Aber auch die biblische Schöpfungsgeschichte und der „Paradies" genannte Ort könnten im Zweistromland ihre sumerischen Wurzeln haben.

Das fruchtbare Land, genannt Mesopotamien – die mögliche Wiege der Menschheit.   [Quelle: Wikipedia]

---

[60] Sallaberger, a. a. O., S. 9

Ägypter, Hethiter, Babylonier, Assyrer, Hebräer und andere haben mit ziemlicher Wahrscheinlichkeit auf den sumerischen Ursprung zurückgegriffen und das für ihre jeweilige Kultur Passende übernommen. Selbst die vorarische Periode des sich später über die Veda entwickelnden Hinduismus dürfte sumerische Ursprünge haben. Aber bekanntermaßen „ist die älteste Geschichte Indiens uns noch heute ein Buch mit sieben Siegeln."[61]

Das Entscheidende ist, dass wir es mit einem Schöpfungsakt durch einen, aber nicht alleinigen Gott aus dem Himmel zu tun haben. Gott erschafft den Menschen nach seinem Ebenbild und in der Folge scheinen sich die Götter mit denen durch sie erschaffenen Menschen sogar gepaart zu haben, was die Halbgötter hervorbrachte. Die im Buch Genesis der Bibel zusammengefassten Ereignisse, die hier aufzuzählen und im Einzelnen zu bewerten den Rahmen sprengen würde, finden sich schon bei den Sumerern wieder. Wie diese Geschichte sich vor vielen Tausend Jahren zugetragen haben könnte, geben die Abhandlungen von Sitchin und in geraffter Kürze von William Bramley wieder.[62] Alle nachfolgenden frühen Kulturgesellschaften bis hin zu den Griechen und Römern haben ihre Wurzeln in dieser ursprünglich „himmlischen" Schöpfungsgeschichte.

Die Berichte der vom Himmel kommenden Götter und ihrer Beziehung zu den bisweilen durch sie erschaffenen Menschen auf der Erde sind zu zahlreich, als dass man sie schlicht ignorieren oder als Hirngespinste primitiver, archaischer Urvölker abtun könnte. Es scheint daher sinnvoll zu sein, wenigstens ein bis zwei der frühesten und am besten belegten Hochkulturen einmal genauer zu betrachten.

> *„Nachdem die Menschen aufgehört haben*
> *Affen zu sein, wurden sie Ägypter."*
> *Zitat aus einem Schulaufsatz*

Frühe Hochkulturen - das Rätsel Ägyptens

Das alte Ägypten übte und übt immer noch eine große Faszination auf die Menschen aus. Kein Wunder, wenn man sich die imposanten Bauten auf dem Gizeh-Plateau betrachtet. Fantastisch muten diese drei großen Pyramiden an, bewacht vom Sphinx. Das gleiche gilt jedoch auch für die andere Seite des Atlantiks. Nicht minder faszinierend sind die Kultstätten, die einst die Maya erbauten und uns noch heute über ihre astronomischen Kenntnisse staunen lassen. Was mich von je her stutzig machte, war die Frage, wie zwei so weit voneinander getrennte und nicht über die heutigen Kommunikationsmittel verfügende Kulturen eine im Ansatz so ähnliche Gebäudestruktur entwickeln konnten. Doch betrachten wir zunächst, was die herrschende Altertumswissenschaft an Antworten für uns bereithält.

---

[61] Helmuth von Glasenapp, Die fünf Weltreligionen, Sonderausgabe, München 1996, S. 30
[62] vgl. insbesondere Zecharia Sitchin, Der zwölfte Planet, Rottenburg 2003 (Erstausgabe 1976); ders., Stufen zum Kosmos, Rottenberg 2003 (Erstausgabe 1980); William Bramley, Die Götter von Eden, 3. Aufl., Peiting 1995 (Erstausgabe 1989)

Die bisher erforschte Geschichte Ägyptens beginnt um ca. 3.000 vor Christus. Mit einer Dynastie, genannt Skorpion, entsteht die gut dreitausend Jahre währende Geschichte einer Kultur, die neben Sumer eventuell als erste und wohl älteste den Begriff Kultur für sich in Anspruch nehmen darf. Unter Kultur verstehen wir zunächst einmal die Gesamtheit der geistigen und künstlerischen Lebensäußerungen einer Gesellschaft. Bereits zwischen 4.500 und 4.000 vor Christus tauchen erste kleinteilige Zivilisationen auf. Der englische Archäologe Sir William Matthew Flinders Petrie (1853 – 1942) entdeckte bei seinen Ausgrabungen in der Nähe von Luxor eine Kultur, die er nach dem Fundort Negade benannte und die später in 3 Stufen eingeteilt wurde.[63] Diesen Sprung in eine kulturelle Gesellschaft in dieser Zeit entdeckte die Wissenschaft auch anderenorts, beispielsweise in Indien.[64] Jedenfalls entwickelte sich, wenn wir den führenden Archäologen Glauben schenken, am Nil eine Zivilisation, die um das Jahr 3150 v. Chr. ihren Anfang in der (prä-)pharaonischen Kultur findet.

Historiker neigen dazu, die Geschichte in Epochen einzuteilen. Und so bezeichnen sie die Jahre von 3.150 bis ca. 3.000 vor Christus als prodynastische Zeit oder auch als Dynastie Null.[65] Auf den ersten König Skorpion folgt über einige Stationen sehr bald König Narmer, der zum Begründer eines Herrschergeschlechts wurde. Sodann nahm die Pharaonenzeit ihren Lauf.

Dass wir überhaupt so viel wissen über diese weit zurückliegende Zeit hängt mit der Entzifferung der Hieroglyphen durch Jean-Francois Champollion (1790 – 1832) zusammen, dem es im September 1822 gelang, ein „vollständiges System" zur Entzifferung der Hieroglyphen aufzustellen.[66] Ihm diente dazu ein Stein, den er allerdings nicht zu Gesicht bekam, sondern von dem er mit einer Abschrift Vorlieb nehmen musste. Der sogenannte „Stein von Rosette" ist das Bruchstück einer steinernen Stele mit dem hieroglyphischen, demotischen und griechischen Text eines Dekrets aus der Zeit um 196 v. Chr. Da das Altgriechische im 19. Jahrhundert bestens bekannt war, gelang es Champollion und einigen anderen Sprachexperten schnell das Demotische und Hieratische[67] zu entziffern. Allerdings bin ich sehr vorsichtig, wenn behauptet wird, das „Alt-Ägyptische" vollständig entziffert zu haben.

Sicherlich ist es den Ägyptologen und Sprachwissenschaftlern gelungen die Hieroglyphen zu entschlüsseln und das, was sie Demotisch und Hieratisch nennen, in eine uns bekannte Sprache zu übersetzen. Wir können heute die Bezeichnungen für Isis, Osiris, Horus und all die anderen Götter lesen. Wir wissen wohl auch, was es mit dem Lebenszeichen Ankh auf sich hatte. Aber verstehen wir auch, was die alte Kultur verinnerlichte, lebte und glaubte? Das

---

[63] Hermann Schlögl, Das alte Ägypten, 3. Aufl., München 2008, S. 22
[64] Propyläen Weltgeschichte, Bd. 2, S. 649/650
[65] Schlögl, a. a. O., S. 24
[66] Erik Hornung, Einführung in die Ägyptologie, 7. Aufl., Darmstadt 2010, S. 25, 37
   ders., Der Geist der Pharaonenzeit, Düsseldorf 2005 (Erstausgabe 1989), S. 22
[67] vgl. zu Hieroglyphen, Hieratisch und Demotisch: Hornung, Einführung in die Ägyptologie, S. 22 ff.

Amduat, „Die Schrift der verborgenen Kammer", ist das älteste literarische Jenseitsbuch der Ägypter. Es spricht von der Duat und von Ba und diente wahrscheinlich als Orientierungshilfe der verstorbenen Pharaonen auf ihrem Weg ins und im Jenseits selbst. Wer kein Experte im Hieroglyphen-Lesen und des Demotischen und Hieratischen nicht mächtig ist, kommt meines Erachtens nicht um die Ausführungen Albert Champdors[68] über das Amduat herum.

„Dem rational geschulten, in Kategorien denkenden Abendländer fällt auf, dass die ägyptischen Gottheiten keine festumrissenen Gestalten sind. So kann sich eine kosmische Erscheinung unter verschiedenen Namen und in verschiedenen Formen manifestieren. Die Sonne zum Beispiel erscheint als Re, Horus, Aton, Chepre, Atum Osiris; in Menschengestalt, mit Falken- oder Widderkopf, als Skarabäus, Löwe oder Ichneumon, ja sogar als Lotusblume. Dazu kommt, dass eine Gottheit sich in ihrem Wesen einer anderen so stark annähern kann, dass sie mit ihr eins wird oder als ihre Erscheinungsform, ihr Bild, Ba, ihre Seele, gilt. [...] Bei tieferem Eindringen in die altägyptische Religion zeigt sich, dass diese verwirrende Vielfalt der göttlichen Erscheinungen in Wirklichkeit nur Kristallisationspunkte einiger weniger religiöser Urerfahrungen sind, die um Leben, Tod und Wiedergeburt kreisen."[69] So die Erkenntnis Albert Champdors, der das Amduat mit der Einleitung wiedergibt: *„Das Universum gebiert sich aus sich selbst, und das Göttliche ist in allem."[70]*

Es ist das eine, eine ausgestorbene Sprache wieder „zum Leben zu erwecken", aber etwas völlig anderes, den sozio-kulturellen Lebenshintergrund einer untergegangenen Kultur selbst zu verstehen und begreiflich zu machen. Die modernen Ägyptologen geben zu, dass in Ägypten zu jeder Zeit jeweils verschiedene Sprachstufen gesprochen wurden und gehen sogar der Frage nach, ob sich die Königinnen Hetepheres, Nofretete und Cleopatra hätten verständigen können.[71] Damit geben sie natürlich auch zu, dass Sprache und Begriffe einer jeweils unterschiedlichen Deutung unterliegen.

Mit den Worten und Begriffen hat es nämlich so seine Bewandtnis. Ich erlaube mir an dieser Stelle mit zwei einfachen aber deutlichen Beispielen darzulegen, wie schnelllebig und vieldeutig Sprache sein kann. Und dies dürfte auf altertümliche Gesellschaften in ähnlicher Weise zutreffen, wie auf die modernen Gesellschaften globalisierter Metropolen. Der vulgäre Begriff „ficken" bedeutet im Wesentlichen „rasches bzw. schnelles auf und ab Bewegen". Noch im 19. Jahrhundert war es durchaus üblich, das im Rahmen einer Strafe der „gestrenge Herr Lehrer" einen seiner Zöglinge mit der Rute fickte, also züchtigte. Heute ist dieser Begriff neu besetzt und steht umgangssprachlich für die Ausübung des Beischlafs. Davon abgesehen, dass es heute in den meisten Schulen keine Prügelstrafe mehr gibt, ist nicht auszudenken, welche Bilder

[68] Albert Champdor, Das ägyptische Totenbuch, München/Zürich 1980
[69] Champdor, a. a. O., S. 19/20
[70] ebda.
[71] Thomas Schneider, Die 101 wichtigsten Fragen, Das alte Ägypten, München 2010, S. 110-113

in den Köpfen entstehen bei dem Satz „Er möge das Kinde mit der Rute ficken". Sehr ähnlich verhält es sich mit dem Begriff „geil". Ursprünglich aus der Botanik stammend und im Zusammenhang mit wild wachsenden Trieben verwendet, wurde er zunächst für den sexuellen Erregungszustand des Menschen gebräuchlich. In den 1980er Jahren wurde dieser Begriff allerdings für einen Ausspruch großer Begeisterung (z. B. super, toll) weiterentwickelt und erfuhr bemerkenswerte Abwandlungen, wie beispielsweise „affen-titten-ober-geil". Es würde mich sehr interessieren, wie nach dem Verschwinden unserer heutigen Zivilisation eine 5000 Jahre in der Zukunft lebende Gesellschaft mit dem Fund eines Comic-Heftes von Walter Mörs umgeht und den Begriff „affen-titten-ober-geil" zu erklären versucht.

Bevor ich mich allerdings dem spätestens jetzt erhobenen Vorwurf der Unwissenschaftlichkeit und des Zynismus weiter aussetze, kommen wir wieder zurück auf die Geschichte des alten Ägypten.

Die Pyramiden von Gizeh von Süden gesehen; im Vordergrund die drei kleinen Königinnenpyramiden, dahinter die Pyramide des Mykerinos, in der Mitte die des Chephren und rechts die des Cheops („Große Pyramide")
[Quelle: Wikipedia]

Eigentlich wäre die ägyptische Geschichte eine ganz einfache, wenn da nicht ein paar „Brüche" wären, die man nicht unerwähnt lassen kann. Betrachten wir uns zunächst die Pyramidenbauten.[72] Die auf dem Gizeh-Plateau errichte-

---

[72] Zusammenfassend und allgemein hierzu: Peter Jánosi, Die Pyramiden, 2. Aufl., München 2010

ten Pyramiden werden den drei Pharaonen Cheops* (ca. 2.620 – 2.580 v. Chr.), Chephren* (ca. 2.570 – 2.530 v. Chr.) und Mykerinos* (ca. 2.530 – 2.510 v. Chr.) zugeschrieben. Sie dienten angeblich als Gräber bzw. als gewaltige Totentempel. Besehen wir uns die Exaktheit dieser drei Bauten, kommen wir auch heute noch aus dem Staunen nicht heraus. Ich erspare mir alle Einzelheiten zu der Genauigkeit ihrer Anordnung im Hinblick auf die vier Himmelsrichtungen und die Sternbilder, die erst viele Jahre nach dem Untergang der ägyptischen Kultur (wieder-)entdeckt wurde, zu der Präzision, der zum Bau verwendeten Steine und Kalkplatten, zu der ungeheuren Tiefe der Tunnelanlagen in und vor allen Dingen unter der großen Pyramide, zu dem Phänomen, sich nicht verändernder Temperaturen und Strahlungen an gewissen Stellen innerhalb der großen Pyramide etc. Dies kann der interessierte Leser entweder im Internet oder auch in Werken nachlesen, von denen ich eine Auswahl im angehängten Literaturverzeichnis aufführe. Wichtig ist, dass wir von der herrschenden Ägyptologie hierüber nichts bis wenig erfahren. Stattdessen erlaube ich mir zu erwähnen, wie sich die Archäologen und Ägyptologen den Bau einer Pyramide vorstellen und möchte in einem längeren Auszug stellvertretend für viele Professor Hermann Schlögel zitieren:

„Die Errichtung von Pyramiden stellte für die Ägypter eine religiöse Handlung dar: Sie bedeutet, Brücken vom Diesseits zum Jenseits zu schlagen, bedeutet, einen Gottesdienst auszuführen. Während der König durch sie einen Aufstieg zum Himmel erhielt, garantierte er dafür seinen Untertanen, die am Bau beteiligt waren, die Unsterblichkeit. Natürlich stellte die Errichtung so gewaltiger Bauten eine organisatorische Meisterleistung dar. Die Vorstellung aber, dass Sklavenheere die Pyramiden in Fronarbeit erbaut hätten, gehört in den Bereich der Legende. Beim Bau waren vorwiegend Architekten, Astronomen und Mathematiker, qualifizierte Handwerker und Facharbeiter beschäftigt, zeitweise auch Bauern, die während der Überschwemmungszeit, in der die landwirtschaftliche Produktion ruhte, zur Hilfsarbeit herangezogen wurden. Die Steinblöcke brach man in Steinbrüchen, lud sie dann auf Schiffe und transportierte sie bis nahe an die Baustelle heran. Von dort wurden sie auf Holzschlitten umgeladen und von Menschen und Tieren über Ziegelrampen direkt zum Bau geschleppt und präzise eingesetzt. Die Cheops-Pyramide hat als Architekt der Vezir und Neffe des Cheops, Hemiun, dessen herrliche Sitzstatue im Pelizäusmuseum Hildesheim aufbewahrt wird, um einen stehen gelassenen Felskern errichtet. Sie trug den Namen „Horizont des Cheops". Bei Seitenlängen von 230 m türmten sich 2.5 Millionen Blöcke, jede mehrere Tonnen schwer, in einem Böschungswinkel von 51,5 Grad zu einer Höhe von fast 147 m auf. Präzise war das Bauwerk nach Norden ausgerichtet. Die Sargkammer aus Rosengranit liegt zum ersten Mal nicht im unteren Teil, sondern in der Mitte der Pyramide. Vom Totentempel auf der Ostseite sind nur geringe Reste erhalten. Zum gesamten Pyramidenkomplex gehören noch drei kleine Königinnenpyramiden, die für die königliche Mutter

---

* auch Chufu, Cha(e)fre, Menkaure

Hetepheres und die Königinnen Meritites und Henutsen bestimmt waren,
sowie fünf aus dem Felsen herausgeschlagene Wannen, in denen man
Schiffe beigesetzt hat, die dem König auf seiner Jenseitsreise dienen sollten
[...] Von Cheops sind kaum historische Fakten überliefert. "[73]

Obwohl wir über den Erbauer Cheops und seinen Vezir Hemiun zugegebenermaßen nicht viel wissen, ist die Angelegenheit ansonsten geklärt. Unter
der Herrschaft des Cheops wurde die große Pyramide als Totenstätte gebaut.
Punkt!

Eine ganz kleine Relativierung dieser einfachen Darstellung gibt uns der verhältnismäßig junge Ägyptologe Professor Thomas Schneider (*1964):
Die Frage wie die Pyramiden – und die Cheopspyramide als ihr berühm-
tester Vertreter – gebaut wurden, wird sich vielleicht nie ganz schlüssig
beantworten lassen. "[74]

Zunächst einmal gestatte ich mir die Frage, woher wir überhaupt wissen, dass
Cheops und sein Vezir Hemiun die Erbauer der großen Pyramide auf dem
Gizeh-Plateau sind. Hierzu gibt es folgende Antwort: Es war der britische
Offizier und Forschungsreisende Richard William Howard Vyse (1784 – 1853),
der im Jahre 1836 mit größeren „Ausgrabungsarbeiten" auf dem Gizeh-Plateau
begann. Der Begriff der „Ausgrabungsarbeiten" muss allein schon deshalb in
Anführungszeichen gesetzt werden, weil Vyse nicht vor sehr brutalen Methoden wie der Sprengung von Gebäudeteilen innerhalb der Pyramiden zurück-
schreckte. So verwerflich dies auch in der Betrachtung heutiger Archäologen
sein mag, brachte dies jedoch Erstaunliches zum Vorschein. Bei der
Sprengung in einer bereits vor ihm entdeckten Druckentlastungskammer in
der großen Cheopspyramide gelang es Vyse weiter nach oben vorzudringen
und weitere Kammern freizulegen. Dabei entdeckte er Aufzeichnungen und
Wandmalereien (Graffitis) aus der Zeit des Cheops, die dessen Namen trugen
und damit diesen „unzweifelhaft" als den Erbauer dieser Pyramide auswiesen.
Auch in der Mykerinospyramide führte Vyse Sprengungen durch, die jedoch
nicht zu einem ähnlichen Erfolg führten. Allerdings fand Vyse einen pracht-
vollen Sarkophag, den er nach England verschiffen wollte. Unglücklicher-
weise sank das Schiff während der Überfahrt, wobei der Sarkophag
verschwand und so noch vor Carters Graböffnung des Tutanchamun das
Gerücht des „Fluches der Pharaonen" entstand.

Doch zurück zu den von Vyse in der Cheopspyramide durchgeführten
Sprengungen. Angeblich soll bei der Sprengung in der unteren Hälfte der
Südseite der Cheopspyramide eine Metallplatte gefunden worden sein, deren
Beschaffenheit große Rätsel aufgab. Sie gilt allerdings als Fälschung und die
Hintergründe ihrer Entstehung können nicht weiter untersucht werden, da
sie im Britischen Museum unter Verschluss liegt. Wichtiger scheint mir jedoch
der Fund der in den durch Vyse freigelegten Entlastungskammern vorge-
fundenen Aufzeichnungen zu sein. Auch über sie grassiert das Gerücht, Vyse

---

[73] Schlögl, a. a. O., S. 32/33
[74] Schneider, a. a. O. , S. 98

habe sie durch den Grafiker Edward Andrews anbringen und somit fälschen lassen.[75] Aber selbst, wenn es sich dabei nicht um Fälschungen handelt, wovon ich einmal wohlwollend ausgehe, stellen sie doch nicht den geringsten Beweis einer Urheberschaft dar. Leider hat Vyse durch sein brutales Vorgehen die Gebäudestruktur teilweise so wesentlich zerstört, dass sich gewisse architektonische Beschaffenheiten nicht mehr eindeutig nachvollziehen lassen. Es besteht aber die Möglichkeit, dass die Arbeiter des Cheops in das bereits vorhandene Bauwerk, ähnlich wie Vyse nur ohne Sprengung, eingedrungen sind und ihre Spuren hinterließen, so dass sich der Verdacht aufdrängt, dass die Pharaonen der 4. Dynastie sich als die Erbauer ausgaben, ohne es jemals gewesen zu sein.

Die über 170 Jahre alten Aufzeichnungen Vyse's *(Operations carried on at the Pyramids of Gizeh in 1837)* gelten noch heute unter den führenden Ägyptologen als Hauptbeweis für die Urheberschaft des Cheops als Erbauer der großen Pyramide in Gizeh. Wenig hat sich seitdem in Bezug auf kritische Untersuchungen in dieser Frage getan. Hier drängt sich ein Vergleich zu Schliemann und seinen Ausgrabungen in Troja auf. Man stelle sich nur vor, Schliemanns Forschungsergebnisse wären heute noch eine Art „Gesetz" für die Archäologen in Griechenland, die es nicht anzuzweifeln gelte. Und dies mit dem Wissen, dass auch Schliemann bei seinen Ausgrabungen auf der hemmungslosen Suche nach Gold irreparable Schäden mittels des Ziehens von riesigen Furchen im Boden hinterlassen hat. Zum Glück sind die Archäologen an dieser Stelle weiter und stellen Schliemanns Untersuchungen mehr als nur in Frage, widerlegen sie sogar.

Überall hinterließen die Pharaonen der 4. Dynastie Cheops, Chephren und Mykerinos bzw. ihre jeweiligen Arbeiter „Graffitis" und Artefakte, die wir ja Dank Champollions Übersetzungscoup zu lesen im Stande sind und gelten seitdem als die unzweifelhaften Erbauer der drei großen Pyramiden des Gizeh-Plateaus. Dass wir den Quellen und ihren Verfassern nicht immer trauen dürfen, lehrte mich schon mein Professor in alter Geschichte, Klaus Bringmann. Es wäre wünschenswert, dass auch die herrschende Ägyptologie hier klareren Aufschluss gibt und keine Angriffsfläche für Hobby-Archäologen und „Verschwörungstheoretiker" bietet. Aber wahrscheinlich werde ich darauf vergeblich warten, wie die Ausführungen von Peter Jánosi[76] deutlich machen.

Gestattet sei an dieser Stelle noch eine kurze Anmerkung zum großen Sphinx auf dem Gizeh-Plateau: Es besteht der begründete Verdacht, dass der Sphinx ursprünglich einen Löwenkopf trug und nicht den ihn heute schmückenden Kopf eines unbekannten Pharaos.[77] Jedenfalls wird auch dieses Monument Pharao Chephren zugeschrieben, weil es dafür das eine oder andere Indiz gibt, wie beispielsweise, dass der Taltempel in einem architektonischen

---

[75] so z.B. Erdogan Ercivan, Verbotene Ägyptologie, 17. Auflage, Rottenburg 2007 (S. 204)
[76] Jánosi, a. a. O., insbes. S. 26 und sodann ff.
[77] wobei auch hier (wieder) Chephren oder Cheops vermutet werden.

Zusammenhang mit der dem Chephren zugeschriebenen Pyramide steht. Untersuchungen am lange Jahre unter dem Sand begrabenen Sphinx haben sich den Erosionsspuren am Körper des Monuments gewidmet. Die zur Altersbestimmung bewährte Radiokarbonmethode kann hier nicht angewendet werden, da der Sphinx aus Naturstein besteht, welcher für diese Methode ungeeignet ist. Somit musste man sich also anders behelfen und besah sich die Beschaffenheit des freigelegten Löwenkörpers. Die hochstrittigen Untersuchungsergebnisse, die insbesondere von der herrschenden Meinung der Ägyptologie angezweifelt werden, kamen zu dem Ergebnis, dass die Erosionsspuren durch Überschwemmungen und damit durch Wasser hervorgerufen wurden und als Folge dessen in einem direkten Zusammenhang mit den Sintflutberichten der Sumerer bzw. des Alten Testaments betrachtet werden müssten.[78] Der „erste Geschichtsschreiber" der Griechen Herodot (ca. 485 – ca. 425 v. Chr.) scheint dies zu belegen, indem er in seinem zweiten Buch der Historien schreibt, dass sogar „die Pyramiden durch (Salz-)Wasser angefressen würden"[79]. Auch wenn Herodot später die drei genannten Pharaonen als Urheber der Pyramiden in Gizeh zu bestätigen scheint,[80] sind seine Historien mit Blick auf die ägyptische Geschichte und ihre Rätsel noch heute eine wichtige Quelle, die es auch mit Blick auf unterirdische Kammern[81] zu berücksichtigen gilt. Jedenfalls haben die geologischen Untersuchungen ergeben, dass das Alter des Sphinx auf mindestens 8.000 v. Chr. datiert werden müsste, wenn nicht sogar noch früher.[82]

Die moderne Ägyptologie gibt sich jedoch wenig Mühe, diese Frage sowie die weiteren zu beantworten, wie und vor allem woher genau die Millionen Tonnen schweren Steine zum Bau gekommen sind, warum die Pyramiden von Gizeh, obwohl sie mit die ältesten Pyramidenbauwerke darstellen, die höchste Präzision aufweisen und spätere Bauwerke durch Erosion und Kriege fast völlig zerstört wurden. Die Frage, wie die drei Pyramiden überhaupt mittels Rampen und Flaschenzügen in dieser Präzision erbaut werden konnten, einschließlich des Aufsetzens der Pyramidenspitzen, ist bis heute ebenfalls unbeantwortet. Wobei man Mark Lehner hier einen großen Verdienst zusprechen muss, ob seiner Bemühungen dies zu erklären.[83] Mark Lehner gilt gewissermaßen als ein Exot unter den Ägyptologen, der eine bemerkenswerte Wandlung in umgekehrter Richtung vom Paulus zum Saulus durchmachte. Ursprünglich aus den Reihen der Kritiker vorherrschender Meinungen zur ägyptischen Geschichte kommend, gilt er heute als ein

[78] John Anthony West, Die Schlange am Firmament, Frankfurt a. M. 2000 (engl. Originalausgabe 1993), S. 233ff. unter Bezugnahme auf R. A. Schwaller de Lubicz und dessen Untersuchungen
[79] Herodot, Historien, Zweites Buch, Ziff. 12 (mit dem an dieser Stelle gegebenen Hinweis, dass seine Angaben nicht immer zu stimmen scheinen und heute bisweilen kritisch hinterfragt werden)
[80] ders., Zweites Buch, Ziff. 124 – 135
[81] ders., Zweites Buch, insb. Ziff. 127
[82] Robert Bauval, Das Rätsel der Sphinx, in: Die großen Rätsel, Köln, 1996, S. 17 ff. unter Bezugnahme auf J. A. West sowie R. Schoch und dessen geologische Untersuchungen
[83] Mark Lehner, Geheimnis der Pyramiden, München 1997 (Sonderausgabe 2004)

Verfechter derselben. Zumindest ist es ihm gelungen in seinem lesenswerten Buch einige offene Fragen und Zusammenhänge zu beantworten und zu erklären.

Es gibt allerdings immer wieder auch interessante Ansätze, deren Weiterverfolgung sich lohnen würde. Wie hoffentlich gezeigt werden konnte, ist die (Schrift-)Sprache ein sich stetig fortentwickelndes Etwas und daher wenig geeignet die in einer Kulturgesellschaft verinnerlichte Wahrheit dauerhaft aufzuzeichnen. Allerdings gibt es eine „Sprache", die sich nicht der Mode unterwirft und durch die Jahrhunderte hindurch unveränderlich bleibt: die Mathematik! So sind Ansätze wie die von Horst Bergmann und Frank Rothe[84], aber auch weiterer sich den Fragen des gesamten Gizeh-Plateaus stellender Forscher wie John Anthony West, Robert Bauval oder Michael Haase es durchaus wert, weiterverfolgt zu werden. Auch wenn Bergmann und Rothe am Ende ihrem Untertitel („das Rätsel *ist* gelöst") nicht gerecht werden, ist der Ansatz doch interessant. Gizeh in einem großen mathematisch-astronomischen Gesamtzusammenhang zu betrachten, verspricht allemal mehr Erfolg für ein Verständnis dieser frühesten Kultur als das bloße Zusammensetzen alter Keramiken aus der 4. oder 5. Dynastie.

Am Ende bleibt dem nach der Wahrheit Suchenden nur das eigene Spekulieren und sich auf der Grundlage von Indizien und Sekundärliteratur ein irgendwie geartetes Bild zu machen. Jedenfalls bleibt der Streit zwischen den anerkannten Ägyptologen auf der einen und den Kritikern ihrer Geschichtsinterpretation auf der anderen Seite bisher ungelöst. So lange aber das Gizeh-Plateau, weitere Kultstätten und das Tal der Könige nur einer bestimmten Gruppe von Forschern zugänglich bleibt und insbesondere Bodenuntersuchungen mittels Ultraschall verboten sind, so lange wird der Verdacht bleiben, dass kein wesentliches Interesse an der Klärung der zuvor offen ausgesprochenen Fragen besteht. John Anthony West benennt es so:

„*So bleibt uns das eigentliche Gold des Alten Ägypten verborgen, weil man behauptet, dass es gar nicht vorhanden sei. Die klassische Ägyptologie ist im Grunde eine verdeckte Operation der Fortschrittskirche mit dem Ziel, an alten Überzeugungen festzuhalten und die Wahrheit über das Alte Ägypten zu hintertreiben.*"[85]

Und kommt zu dem Ergebnis:

„*Die ägyptische Kultur war keine Entwicklung, sie war ein Vermächtnis*".[86]

Die Frage ist dann nur: von wem?[87]

---

[84] Horst Bergmann und Frank Rothe, Der Pyramidencode, Kreuzlingen/München 2001
[85] J. A. West, a. a. O., S. 302
[86] J. A. West, a. a. O., S. 18
[87] Und weiter gefragt auch **an wen**?

Was für Ägypten gilt, trifft leider auch für andere frühe Hochkulturen zu. Insbesondere die Kultur der Maya mit ihren prächtigen und ebenfalls stark nach astrologischen Merkmalen errichteten Bauten weist gewisse Parallelen zur Hochkultur der Ägypter auf. Das Volk der Maya hatte seine Vorgänger. Im Gebiet Mesoamerikas waren die Olmeken die frühe Hochkultur. Weil ihr elaboriertes Religionssystem, dass uns heute nur bruchstückhaft zugänglich ist, aber auch ihre Kunst und Sprache von hoher Befähigung zeugen, waren sie vermutlich das Vorbild der Maya.[88] Bereits um ca. 1.500 v. Chr. haben die Indianer an den Küsten und im Inneren Yukatans ein bodenständiges, will heißen doch recht hochentwickeltes Leben begründet.[89] Auch wenn es den Archäologen und Altertumsforschern gelungen ist, die gut 1.500 Jahre zurück zu verfolgende Schrift der Maya zu enträtseln, gilt doch auch hier das zuvor Dargelegte. Die wohl identischen Gottheiten Quetzalcoatl (Mayathan) und/oder Kukulcán (Itzá) werden wahrscheinlich genauso ein Mysterium für unsere heutigen Gesellschaften bleiben, wie der gesamte Glaube dieser frühen Völker Mesoamerikas, der sich teilweise in präastronautischen Abbildungen und Artefakten wiederfindet. Interessanterweise ergibt die neueste Forschung jedoch auch hier, dass schon vor über 5.500 Jahren und somit um ca. 3.500 v. Chr. in den Anden eine sehr hoch entwickelte Pyramidenkultur existierte. Den Untersuchungen Michael Zicks zufolge hat es höchstwahrscheinlich eine Kultur vor den Inka sowie der Sipán- und Nazca-Kultur im heutigen Peru gegeben.[90] Allerdings darf man allein anhand der kritischen Buchbesprechungen von einem ähnlichen Verlauf der Debatte ausgehen, wie sie schon unter den die herrschende und die jeweilige Mindermeinung vertretenden Ägyptologen bekannt ist.

Nur am Rande sei hier erwähnt, dass das Ende des Maya-Kalenders am 21. 12. 2012 (numerologisch eine interessante Zahl übrigens!) nicht gleichzusetzen ist mit dem Ende der Welt. Glücklicherweise ist Mutter Erde mit ihren vielen Bewohnern noch da. Die bis heute Rätsel aufgebenden Maya schrieben den Kalender nur nicht weiter fort, weil sie nach ihren Vorstellungen am Ende eines Zeitalters angelangt waren. Da ein Zeitalter im Hinblick auf die Konstellation und den Verlauf der Gestirne unseres Sonnensystems fast 26.000 Jahre[91] ausmacht, wollten die Maya den Kalender wohl nicht weiter fortschreiben. Irgendwie logisch und nachvollziehbar, denn auch unsere heute lebenden Zivilisationen scheinen nur mäßig daran interessiert zu sein, was im Jahre 22.435 n. Chr. in Mitteleuropa oder Südchina geschieht. Aber wie dem auch sei, die Maya waren eine Kultur, die unser Sonnensystem und den Verlauf seiner Gestirne bestens kannte und mit diesem Wissen, eingebaut in die Architektur ihrer sagenhaften Gebäude, regelrecht spielte.

---

[88] Berthold Riese, Die Maya, 6. Aufl., München 2006, S. 27

[89] Riese, a. a. O., S. 25

[90] Michael Zick, Die rätselhaften Vorfahren der Inka, Stuttgart 2011

[91] 12 x 2.160 = 25.920 Jahre braucht die Erde unter Berücksichtigung der Erdachsdrehung (Äquinoktium) um jeweils alle 12 Tierkreiszeichen zu durchqueren. [R. Bauval a. a. O., S. 35]

Zugegebenermaßen verfüge ich nicht über genügend tiefere Kenntnisse weiterer früher Hochkulturen, beispielsweise im ostasiatischen Raum. Und auch das Studium der frühetruskischen und der minoischen Kultur birgt Geheimnisse, die noch auf ihre Enträtselung warten. Auch konnte ich nicht in die Tiefen von Muhammad Al-Makrizi's (1364 – 1442) Hitat und grenzwissenschaftliche Berichte wie die eines Edgar Cayce (1877 – 1945) oder Rudolf Steiner[92] (1861 – 1925) vordringen. Aber die Möglichkeit, dass die „Atlantis-Sage" basierend auf Platons Kritias nicht nur ein idealtypisches Utopiemodell darstellt, sondern vielmehr wahrhaftige Grundlagen beinhaltet, sollte ebenso wenig vernachlässigt werden, wie die Tatsache, dass Gizeh und Teotihuacán ziemlich exakte Abbildungen des Oriongürtels darstellen. So lange uns die beiden Hochkulturen der Maya und Ägypter so viele Fragen unbeantwortet lassen und Indizien dafür bieten, dass der Geist des untergegangenen Atlantis diesseits und jenseits des Ozeans in den Kulturen Maya und Ägypten fortlebte, so lange wird es Raum für Spekulationen und Gedankenmodelle geben, denen die Idee eines hochentwickelten Atlantis und fernen Lemuria in Zusammenhang mit extraterrestrischen Verbindungen zu uns Menschen zu Grunde liegt. Und darum habe ich so verhältnismäßig viel Zeit darauf verwendet, mich diesem im Ergebnis doch recht verdrießlichen Teil der Frühgeschichte zu widmen. Für den Schüler ist es eben unbefriedigend, wenn er auf seine Fragen von seinen Lehrern gar keine oder keine schlüssigen Antworten erhält. Umso schwerwiegender wiegt dies, wenn von den Lehrmeistern gewisse Aspekte bei der Beantwortung der Fragen außer acht gelassen werden; teils, weil die Antworten nicht gegeben werden können, teils weil sie – aus welchen religiösen oder weltanschaulichen Gründen auch immer – nicht gegeben werden wollen beziehungsweise sollen. Sich der Wissenschaft hinzugeben heißt, dies ideologiefrei und vorbehaltlos zu tun. Einmal dem Irrtum verfallen, getreu dem Motto zu handeln „es kann nicht sein, was nicht sein darf", bedeutet, den falschen Weg eingeschlagen zu haben.

Ich kann anhand der mir vorliegenden Literatur nur feststellen, dass die Indizien dafür sprechen, dass die Pyramiden in Gizeh und der Sphinx nicht unter den drei großen Pharaonen Cheops, Chephren und Mykerinos erbaut wurden, sondern wesentlich älter zu sein scheinen. Vielleicht gehen sie auf eine Bauzeit zwischen 10.000 bis 15.000 vor Christus zurück. Dies würde sich auch kalendarisch besser in das Denken großer Zeitalter einbinden lassen und der Tatsache Rechnung tragen, dass sich am Ende der letzten Eiszeit der Widderpunkt im Tierkreiszeichen des Löwen befand.[93] Wenn dem allerdings so ist, stellt sich zwangsweise die Frage, wer sie dann erbaut hat, denn es können nicht die uns bekannten Ägypter gewesen sein, von denen wir wissen, dass sie erst um ca. 4.500 – 4.000 v. Chr. mit der sogenannten Negade-Kultur zur Zivilisation gefunden haben.

[92] Rudolf Steiner, Ägyptische Mythen und Mysterien, Vorträge aus dem Jahr 1908, 4. Aufl., Dornach/Schweiz 1978 (1. Aufl. 1911)

[93] vgl. insbesondere wieder Robert Bauval, Das Rätsel der Sphinx, in: Die großen Rätsel, Köln 1996; ders. mit Graham Hancock, Der Schlüssel zur Sphinx, Rottenburg 2008

Es muss ein hochentwickeltes Volk gewesen sein, dass die Pyramiden von Gizeh und den Sphinx aus dem Fels gehauen und mit einer Präzision erbaut hat, die selbst unsere heutige Fortschrittsgesellschaft nicht nachzubilden im Stande wäre. Es muss ein Volk gewesen sein, welches astronomische Kenntnisse hatte, die weit über das Verständnis aller damaligen bekannten Völker hinausging. Es muss ein Volk gewesen sein, dem Energiequellen zur Verfügung standen, die unseren heutigen ähnlich, wenn nicht gar ebenbürtig oder überlegen waren und dieses Volk hat wahrscheinlich über medizinische Kenntnisse verfügt, die aller Voraussicht nach das Wissen um die Genetik einschloss.

Um Eines klarzustellen: Ich behaupte an dieser Stelle nicht, dass der moderne Mensch eine von Außerirdischen genmanipulierte Schöpfung ist. Aber ich behaupte ebenso wenig, dass der moderne Mensch eine sich evolutionär entwickelt habende Spezies ist, deren ältester Vorfahr ein im Wasser schwimmender Einzeller war. Der Anthropologe Gerhard Heberer stellt in seiner Abhandlung zur Erdgeschichte und allgemeinen Evolution fest: „Die Geschichte der Erde als Planet verliert sich, rückwärts betrachtet, in eine nur unsicherer Hypothesenbildung zugängliche Vergangenheit."[94] Und damit trifft er genau ins Schwarze. Was uns heute als unverrückbare Wahrheit, basierend auf wissenschaftlichen Erkenntnissen, dargestellt wird, ist in den meisten Fällen nichts anderes als eine gut begründete These, vielleicht auch ein schlüssig dargelegtes Modell. Aber mit Begriffen wie Wahrheit oder gar Realität sollte man in diesem Zusammenhang außerordentlich vorsichtig sein. Das Gizeh-Plateau bleibt ein mathematisches Rätsel.

Was ich unter den heutigen Wissenschaftlern auf den Gebieten der Archäologie, Frühgeschichte und Evolutionsforschung vermisse, ist der Mut eines Charles Darwin, strenge dogmatische Vorgaben zu durchbrechen und sich mit oft als „unorthodox" verschrienen Thesen und Theorien wenigstens auseinander zusetzen – meinetwegen auch sehr kritisch. Solange die herrschenden Früh- und Altertumshistoriker mit ihren vermeintlichen „Forschungsergebnissen" auftreten und nur mit einem auserwählten Kreis alleine ihnen zugängliche Artefakte begutachten, schaffen sie eine so große Angriffsfläche für Spekulationen, die in der Wissenschaft keinen Fortschritt bringt und somit nicht zur Erkenntnis führt. Der Ursprung unserer menschlichen Existenz bleibt daher dunkel, verschwommen, unscharf – gleich der Materie in der Quantentheorie.

---

[94] Gerhard Heberer, Die Herkunft der Menschheit, in: Propyläen Weltgeschichte, Bd. 1, S. 89

Πόλεμος πάντων μὲν πατήρ ἐστι
(Polemos pantōn men patēr esti.)
„Der Krieg ist der Vater aller Dinge."
Heraklit, 53. Fragment

Antike und Mittelalter

Zwischen ca. 1.500 und 500 vor Christus bilden sich Staatensysteme heraus, die den Anfang der Epoche der Antike bezeichnen. Jetzt ist das, was einen Staat ausmacht, nämlich ein Staatsgebiet, ein Staatsvolk und eine Staatsgewalt, in der Regel vertreten durch einen monarchischen Herrscher, etabliert und unterscheidet sich in den Strukturen kaum noch von dem, was unsere heutigen Staaten ausmacht. In der Zeit der Perser, Griechen und Römer ist wohl kein Satz zutreffender als der in der Überschrift gewählte Heraklits, „Der Krieg ist der Vater aller Dinge". Auch wenn Heraklit mit dem Wort Krieg nicht zwangsweise den sich uns im 20. Jahrhundert darbietenden menschenverachtenden „totalen Krieg" meint, sondern vielmehr die „zwischenmenschliche Auseinandersetzung" im Sinn hatte, prägte doch im Wesentlichen der Krieg das Bild der Antike.

Der große Vorteil, den diese Epoche im Gegensatz zu der früher Hochkulturen und frühmenschlicher Zeit bietet, ist die Beherrschung der damaligen Schriftsprachen und ein in der Nähe zur heutigen Zeit begründetes besseres Kulturverständnis. Die Menschen der Antike sind uns in vielerlei Hinsicht näher, als wir manchmal glauben möchten.

Sicherlich ist es zu viel verlangt hier einen Abriss der babylonischen, persischen, griechischen, römischen oder gar chinesischen und indischen Geschichte gleichermaßen zu geben, so wie eine kurze Gesamtübersicht des Mittelalters an sich. Gezeigt werden kann anhand einiger weniger Beispiele aber, dass sich Geschichte ab einem gewissen Punkt stets zu wiederholen scheint, wenn auch mit anderen „Vorzeichen".

Die Geschichte der Antike ist auch eine Geschichte der Herrschaftsdynastien. Und diese Herrschergeschlechter und ihr steter Kampf um die Macht scheinen weitaus interessanter zu sein als beispielsweise ein bloßer Abriss der Technik- oder Medizingeschichte. Manchmal verdichtet sich Geschichte in einem oder in wenigen Menschen und lässt sich auf Augenblicke reduzieren. Stefan Zweig (1881 – 1942) schrieb seine „Sternstunden der Menschheit"[95] genau unter diesem Gesichtspunkt. Und so erlaube ich mir aufgrund gebotener Kürze an dieser Stelle nur ein paar Beispiele aus der Geschichte herauszugreifen.

Jede Gemeinschaft, die sich nach der Sesshaftigkeit des Menschen und dem Betreiben von Ackerbau, Viehzucht und Handel einen gewissen „Wohlstand" erarbeitet hatte, musste durch Angriffe benachbarter Völker bzw. Stämme um

---

[95] Stefan Zweig, Sternstunden der Menschheit, Erstausgabe Leipzig 1927 (Frankfurt a. M. 1971)

diesen bangen. Und so ist es nicht verwunderlich, dass schon die Sumerer am Ende ihrer Hochzeit durch den Einfall eines Nachbarn aus dem Westen ihren Untergang fanden. Egal ob Perser, Griechen oder Römer, ihre Geschichte ist geprägt vom Kampf um (Vor-)Herrschaft und Macht.

Auch entwickelte jede sesshaft gewordene Sippe, die zur Kultur fand, ein Herrschaftssystem. Zumeist waren es Monarchien, also mehr oder weniger Alleinherrschaften eines Häuptlings, Klanführers oder später dann auch Königs. Die griechische Polis in ihrer „bürgerlich-demokratischen" Erscheinung bildet eine, wenn auch nicht die einzige, Ausnahme. Die Erbeutung bzw. Verteidigung von Ressourcen (Naturalien, Menschen, Waffen, Handelswege und -beziehungen etc.) sind der ständige Antrieb der Menschen dieser antiken Welt, bei dem Leibeigenschaft bzw. Sklaverei einen festen Bestandteil bildet. Der Unterlegene ist dem Sieger auf Gedeih und Verderb ausgeliefert. Und so bildeten und bekriegten sich die Kleinstaaten der Spartaner, Athener, Phrygier, Lyder, Kreter, Dardaner, Archäer und so weiter und so fort. Sobald sich ein Bund geschlossen hatte, musste ein Gegenbündnis geschmiedet werden. Und als der Sohn des bedeutenden Königs Philips II. und Aristoteles-Schüler mit dem Namen Alexander weit in den Osten aufbrach, um in fürchterlichen Gemetzeln ein Riesenreich zu erschaffen, von dem er nichts hatte, weil er zu früh starb und seine Mitstreiter das Reich als sogenannte Diadochen unter sich aufteilten, womit die Grundlage für neue Kriege gesät war, erhob sich im Westen bereits eine Großmacht, die wohl mit zu den spannendsten der Antike gehört: Rom.

Rom hat eigentlich nie ein Hehl aus seiner teils unkritischen Übernahme griechischer Kultur gemacht. Der vermeintliche Gründervater Äneas stammt aus Griechenland, Zeus hieß Jupiter, Athene Minerva und der Rotwein in Rom wird wohl auch kaum eine andere Farbe gehabt haben als der in Athen. Auch das Staatswesen in seiner klassischen Dreigliedrigkeit von Monarchie, Aristokratie und Demokratie, dem die Tyrannis, die Oligarchie und die Ochlokratie bzw. Anarchie dämonisch gegenüberstehen, geht auf die guten, alten Griechen zurück. Die sicher vorhandenen etruskischen Wurzeln Roms sind heute nur schwer auszumachen. Und eine vielversprechende etruskische Geschichte des Kaisers Claudius ist schon in der Antike einem der zahllosen Kriege und revolutionären Umbrüche zum Opfer gefallen.

Jedenfalls fand Rom nach seinen legendären sieben Königen, von denen Lucius Tarquinius Superbus (gestorben um 500 v. Chr.) als Letzter, wohl aufgrund seines tyrannischen Regimes verjagt wurde, schnell zu einer, relativ lange Zeit, gut funktionierenden Republik. Patrizier (Adlige) und Plebejer (Landbauern) stritten sich regelmäßig und versöhnten sich doch immer wieder zum Wohle eines aufstrebenden Staatswesens. Die Ausgestaltung eines Staats- und Verwaltungssystems mit Senatoren, Konsuln, Ädilen und vieler weiterer Träger staatlicher Aufgaben ist ein in dieser Form „einmaliger" Vorgang, dem Rom sicherlich auch seine lange Existenz in der antiken Welt zu verdanken hat. Das Studium der römischen Republik gehörte lange Zeit in die Klassenzimmer der Schulen. Es ist schade, dass dieser Teil der Geschichte heute in die kleinen Altertums-Fachbereiche der Universitäten verbannt wurde, lässt sich doch Vieles aus dieser Zeit lernen und auf das heutige politische Tagesgeschehen übertragen.

Der Untergang der klassischen römischen Republik von Tiberius Gracchus (162 – 133 v. Chr.) bis zu Julius Cäsar (100 – 44 v. Chr.) währte fast einhundert Jahre. Vieles, was diese Zeit ausmachte, lässt sich heute in den angeblich so demokratischen Staatensystemen der modernen westlichen Welt wieder-finden. Korruption und Bestechung, Intrigen, Machtkonzentration in den Händen einiger weniger, die totale Kontrolle von Geld-, Informations- und Warenbeziehungen sind nur einige Erscheinungen, die zum Untergang der römischen Republik führten und die Menschen dazu veranlasste, zu einem einzigen Herrscher zurück zukehren.

Zwei Triumvirate[96] zunächst zwischen Cäsar, Pompeius und Crassus und sodann zwischen Octavian, dem späteren Kaiser Augustus, Marcus Antonius und Lepidus geschlossen, besiegelten das eher „ruhmlose Ende" einer Jahr-hunderte währenden Republik. Nach gewaltigen kriegerischen Auseinander-setzungen konnte sich Octavian im Jahre 27 v. Chr. in einem Staatsakt zum Augustus ausrufen lassen, den Bürgerkrieg für beendet erklären und den Schein einer Republik wahrend, zum Gründer der julisch-claudischen Dynastie in die Geschichtsbücher eintragen lassen.

Wer allerdings glaubte, dass Rom damit ruhigeren Zeiten entgegen gehen würde, sah sich schnell eines Besseren belehrt. Diese julisch-claudische Dynastie ist ein hervorragendes Beispiel für die grauenhaft zu verteidigende Macht auf dem Thron eines Imperiums. Augustus starb im Jahre 14 n. Chr. Ob er eines natürlichen Todes starb oder doch von seiner Frau Livia vergiftet wurde, weil diese unbedingt ihren Sohn Tiberius aus vorangegangener Ehe auf den Thron bringen wollte, was Augustus ablehnte, ist unklar. Indizien sprechen dafür. Beweise gibt es nicht. Jedenfalls wurde Tiberius Kaiser und starb krank und debil auf Capri. Sein Nachfolger Caligula regierte nur vier Jahre, schaffte es aber in dieser Zeit, die Staatsfinanzen fast vollständig zu ruinieren. Caligulas Bild in der Geschichte ist bekannt. Er fiel einem Anschlag zum Opfer und starb im jugendlichen Alter von 28 Jahren. Sein von Geburt an körperlich behinderter Onkel Claudius trat die Nachfolge an und regierte zu Anfang mit gemäßigter Hand. Die verhängnisvolle Ehe mit der jüngeren Messalina, die aufgrund von Umsturzplänen zum Tode verurteilt wurde, führte zum Bruch seiner Republik-freundlichen Regentschaft. Claudius heiratete seine Nichte Agrippina und wurde zum Dank dafür von ihr vergiftet, weil diese wiederum ihren in vorangegangener Ehe gezeugten Sohn Nero auf den Thron bringen wollte, was auch gelang. Der neue Kaiser tötete kurze Zeit darauf nicht nur seine Mutter, die ihn zum Kaiser gemacht hatte, sondern auch seine Frau und ehelichte die aus etwas zweifelhaften Verhältnissen stam-mende Poppaea. Im Jahre 68 war auch für ihn das letzte Stündlein geschlagen.

---

[96] Triumvirat = „Drei-Männer-Herrschaft", zusammengesetzt aus tres (drei) und viri (Männer)

Als letzter Herrscher der julisch-claudischen Dynastie wurde er gleich einem Tarquinius Superbus aus der Stadt Rom verjagt und richtete sich selbst.[97]

Sollte man jetzt nicht davon ausgehen, dass sich eine Gruppe einflussreicher Patrizier und Plebejer für eine Renaissance der Republik einsetzen würde? Weit gefehlt. Im Kampf um die Macht metzelten sich im Jahr 69 die Generäle Galba, Otho, Vitellius und Vespasian gegenseitig nieder und ermöglichten dem übrig gebliebenen Vespasian eine Fortsetzung des Prinzipats von Kaiser Augustus.

Die folgende römische Geschichte ist auch weiterhin geprägt vom Kampf um die Macht. Sicherlich gab es auch friedliche und ruhigere Phasen wie die unter der Regentschaft Marc Aurels zwischen 161 – 180. Aber spätestens unter den sogenannten Soldatenkaisern brachen erbitterte Kämpfe wieder aus, die zu meist blutigen Schlachten im gesamten römischen Imperium führten. Schließlich konnte sich das Großreich der Römer nicht mehr halten. Ähnlich wie Ober- und Unterägypten nur schwer in einem Großreich zu vereinen war und sich ständigen Abspaltungsversuchen ausgesetzt sah, zerbrach schließlich um 480 auch das römische Imperium entgültig.

Die römische Geschichte dient hier nur als ein Beispiel, weil sie maßgeblich für die weitere Geschichte in Europa ist. In China sah es nicht viel anders aus. Eine Dynastie eroberte Territorien und musste sie blutig gegen Konkurrenten verteidigen. Han- und Ming-Dynastien lieferten sich erbitterte Kämpfe bis zum Bau der sogenannten „verbotenen Stadt". Der Bau dieses Areals gilt bis heute als ein einmaliger Vorgang, bei dem sich Herrschergeschlechter über Jahrhunderte von ihrem Volk abkapselten und so den Bezug zu der sie umgebenden Realität verloren.

Sunzi's (ca. 544 – 496 v. Chr.) Buch „Die Kunst des Krieges"[98] gilt als frühestes Buch über Kriegsstrategie und ist bis zum heutigen Tage eines der bedeutendsten Werke zu diesem Thema. Im Osten wie im Westen kam es zu kriegerischen Auseinandersetzungen, die nur derjenige für sich gewinnen konnte, der sowohl die raffiniertere wie fortschrittlichere Kriegstechnik anwendete. Auch auf dem amerikanischen Kontinent bekämpften sich die unterschiedlichen Indianerstämme über Jahrhunderte hinweg. Und es war ihre *Diversität*[99], die sie letztendlich zu keinem einheitlichen Auftreten gegen die weißen Einwanderer finden ließ und ihr teilweise unwürdiges Ende in Reservaten besiegelte.

Der Einfall der Hunnen aus dem Osten in die Mitte und den Süden Europas führte zu gewaltigen Wanderungen verschiedenster Völker und einer Zeit blutigen Gemetzels. Nicht nur, dass sich die verschiedenen Volksstämme gegenseitig niedermachten, nein, auch untereinander gab es erbitterte und

---

[97] Nur der Vollständigkeit halber sei erwähnt, dass Nero eventuell auch auf der Flucht ermordet worden sein könnte.
[98] Sunzi, Die Kunst des Krieges, Lizenzausgabe Hamburg 2008
[99] Diversität = Vielfältigkeit, siehe auch Fn. 104

zumeist blutige Kämpfe, wie die Geschichte der im Verlauf des 5. und 6. Jahrhunderts immer mehr an Einfluss gewinnenden Merowinger und ihre blutigen „Bruderkriege" belegen. Die Entscheidung Chlodwigs I. (466 – 511) zum christlichen Glauben zu wechseln, ist eine ebenso wichtige wie die vorangegangene des römischen Kaisers Theodosius des Großen (347 – 395) das Christentum quasi zur Staatsreligion zu erklären. Der christliche Glaube mit seinen strengen Grundsätzen wurde zur alleinigen Religion und sorgte in der Folge für einen Dualismus von Staat und Kirche[100], von weltlicher und geistlicher Macht, der das gesamte europäische Mittelalter begleitete. Die heidnischen Götter wurden von dem einen dreifaltigen Gott verdrängt.

Nachdem es Karl dem Großen (um 747 – 814) gelungen war, ein für die damalige Zeit gewaltiges Reich zu erobern und mehr oder weniger gut gegen fremde Eindringlinge zu verteidigen, konnte er sich in Rom vom Papst zum Kaiser eines nachfolgenden römischen Reiches krönen lassen. Fortan kam es zum Kräftemessen zwischen Papst und Kaiser. Salier, Staufer, Konradiner und viele andere wetteiferten um die Vorherrschaft im Reich und schlugen sich bisweilen heftig die Köpfe ein. Eintracht kam eigentlich nur auf, wenn es darum ging, Eindringlinge von außen abzuwehren oder sich gegen die übergroße Einflussnahme des in Rom oder Avignon sitzenden Papstes zu behaupten, die dieser über die Klöster, Abteien und Bistümer auszuüben gedachte.

Das Mittelalter wird meist als „dunkles Zeitalter" beschrieben. Dabei war es wirklich dunkel eigentlich nur in Bezug auf die Lichtverhältnisse. Man stelle sich eine Welt vor, nur erleuchtet durch die Sonne am Tag und durch Kerzen sowie Öllampen und Kienspan in der Nacht. Eine gruselige Vorstellung für unsere heutige vom Lichtersmog verseuchte Gesellschaft. Große Denker hatten auch im sogenannten „finsteren Mittelalter" ihren Platz. Bernhard von Clairvaux (1090 – 1153), Hildegard von Bingen (1098 – 1179) und Thomas von Aquin (1225 – 1274) sind nur einige Gelehrte dieser Zeit, die zumeist unter Berücksichtigung der herrschenden Kirchenlehre ihre Gedanken zum Wesen der Welt zu Papier brachten.

Kunst und Musik, die Minne und eine bisweilen gepflegte Badekultur kennzeichnen das Mittelalter ebenso wie eine christlich-abendländische Philosophie und Geisteswissenschaft, die in den um das Jahr 1.000 zunehmend entstehenden Universitäten gelehrt wurden. In der Mode war Byzanz im übertragenen Sinne nach der Hochzeit Ottos II. mit Theophanu von 972 lange Zeit das Paris des Mittelalters. Die „Mannessische Liederhandschrift" gibt tiefe Einblicke in die Sangeskultur dieser Zeit und lässt Rückschlüsse auf das höfische Leben zu.

Sicherlich war das Leben im Mittelalter noch weit stärker als in der heutigen Zeit davon geprägt, in welchen Stand man hineingeboren wurde. Angehörige sozialer Unterschichten hatten kaum eine Chance in einen höheren Stand aufzusteigen oder sich gar Zugang zur Bildung zu verschaffen. Wer unwissend

---

[100] vertiefend hierzu: Reinhold Zippelius, Staat und Kirche, München 1997

geboren wurde, blieb es meist sein Leben lang. Und trotzdem konnte sich eine geschickte Handwerkskultur etablieren, die sich verantwortlich für den späteren Fortschritt zeichnete.

Kennzeichnend für das Mittelalter sind schließlich auch die für unser heutiges Leben kaum vorzustellenden Grausamkeiten. „Peinliche Strafen" wie das Pfählen, Ertränken, Rädern, Verbrennen, Hängen, Enthaupten usw. waren vielleicht nicht gerade an der Tagesordnung, gehörten aber zum Leben dazu. Die zwei großen über Europa hereinbrechenden Pestwellen galten als eine Strafe Gottes, der man mit strenger Frömmigkeit zu entkommen versuchte. Und wer sich an diese Frömmigkeit nicht hielt, musste unter „Prüfungen" dafür gerichtet werden.

Im Mittelalter nahmen die unsere heutige Welt leider immer noch erschütternden Religionskriege ihren Anfang. Muslime und Christen bekämpften sich heftig und grausam, auch wenn es den einen oder anderen Grenzgänger zwischen den Kulturen gab wie beispielsweise Kaiser Friedrich II. (1194 – 1250). Die Expansion über kontinentale Grenzen hinweg, die insbesondere die Kreuzzüge mit sich brachten, führte zu regionalen Katastrophen wie den zuvor genannten Pestwellen und teilweise furchtbaren „ethnischen Säuberungsaktionen". Expansion und revolutionäre Erfindungen im ausgehenden Mittelalter sind die Ursache für den Sprung in ein neues Zeitalter.

Vieles jedoch, was unser heutiges Leben immer noch prägt, wie Wappen, Zeichen, Innungen, Standesdenken und so weiter geht auf das Mittelalter zurück und zeigt, wie kurz eine Spanne von 500 Jahren in der geistesgeschichtlichen Entwicklung sein kann.

Jetzt aber:
Cogito ergo sum.
„Ich denke, also bin ich."
René Descartes

Die Neuzeit?

Die Neuzeit in der Geschichte bereitet einige Schwierigkeiten. Wann endet das Mittelalter und wann beginnt ein neues Zeitalter? Ein genaues Datum wird sich wohl nicht ausmachen lassen. Aber besondere Ereignisse wie die „Entdeckung Amerikas" durch Christopher Columbus 1492, der Untergang des oströmischen Reiches 1453 oder aber die Entstehung „neuer" Ideen in Technik sowie Geisteswissenschaft und Kultur sind Anzeichen dafür, dass zwischen 1400 und 1650 die Neuzeit das Mittelalter endgültig ablöst. Diese neue Zeit ist geprägt von revolutionären Umbrüchen. Die Welt des Handels, aber auch der Ausbeutung von Menschen und Rohstoffen, ist größer geworden. Der sogenannte Merkantilismus hat Fuß gefasst. Der Geldhandel nimmt einen wesentlichen Platz in den Handelsmetropolen Europas ein. Religiöse Monopole in Europa sind durch die Reformation und den Vormarsch des Islam aufgebrochen. Zerstörerische Munition, bedingt durch das „Schwarzpulver", ist im Kampf gegeneinander etabliert.

Aber auch in der Forschung und Lehre kommen neue oder, wie durch die „Renaissance" begeistert, wiederbelebte alte Gedanken auf. Die Idee, dass der Mensch prinzipiell frei sei und nicht gegen seinen Willen versklavt werden dürfe, ist ebenso erfrischend wie die Vorstellung, dass staatlich ausgeübte Herrschaft einer Kontrolle bedarf. Der Staat ist eben nicht mehr nur Einer[101], sondern eine Vielzahl von Personen und seine Funktion sollte auf drei Säulen ruhen: Legislative, Exekutive und Judikative[102].

Friedlicher ist die Welt jedoch zunächst nicht geworden. Auf einen über Hundertjährigen Krieg zwischen 1337 und 1453 folgte ein Europa erschütternder dreißigjähriger Krieg von 1618 bis 1648, der zunächst einen Friedensschluss mit den Verträgen zu Osnabrück und Münster zur Folge hatte. Getreu dem bekannten Grundsatz *cuius regio, eius religio*[103] sollten die Glaubensgrundsätze dadurch überwunden werden, dass man den Territorialfürsten überließ, welchen Glauben sie in ihrem Herrschaftsgebiet ausgeübt wissen wollten. Schon früh bildeten sich Staaten heraus, die neue Herrschaftsansprüche und eine Vormachtstellung in Europa anmeldeten. Der Begriff der Nation, was auch immer sich dahinter verbergen mag, gewinnt zunehmend an Bedeutung. In dieser *„neuen Zeit"* werden Grenzen statischer, Zollabgaben und -kontrollen strenger und der Buchdruck sorgt für eine raschere und intensivere Verbreitung von Informationen. Die Schifffahrt über die Weltmeere lässt die Menschen der ganzen Welt zum ersten Mal „zusammen-

---

[101] wie es noch Ludwig der XIV. (1638 – 1715) in seinem legenderen Satz „L'État c'est moi", „Der Staat, das bin ich", angeblich äußerte

[102] also die gesetzgebende, vollziehende und rechtsprechende Gewalt

[103] Lateinisch für „wessen Gebiet, dessen Religion"

wachsen". Zwar gab es schon in der Antike die sogenannte „Seidenstraße", die den Mittelmeerraum mit Asien verband und für einen „zaghaften" Waren- und Kulturgüteraustausch sorgte, doch so rege und übergreifend wie durch die sich schnell über die Meere bewegenden Schiffe ging es zuvor noch nie.

Zwei gewaltige Revolutionen haben sich in verhältnismäßig kurz aufeinander-folgender Zeit ereignet. Die industrielle und die computerbasierte informa-tionstechnologische Revolution, in der wir uns augenblicklich befinden, haben einen neuen Menschen kreiert. Aber auch politischen Revolutionen wie die französische von 1789 oder die russische von 1917 haben die Welt grundlegend verändert. Den Begriff Revolution könnte man seinem latei-nischen Ursprung folgend wohl als eine Umwälzung, eine plötzliche Wand-lung oder auch Neuerung definieren. Jedenfalls sind die Veränderungen in den zweihundert Jahren zwischen 1789 (mit der Erstürmung der Bastille) und 1989 (dem Fall der „Berliner Mauer") so gravierend, zahlreich und schnell-lebig, dass am Ende eines Menschenalters die Welt im Vergleich zu dessen Beginn eigentlich „nicht mehr verstanden werden kann".

Mit der industriellen Revolution erfolgte darüber hinaus die Entfernung des Menschen von der Natur und der inneren Uhr. Der Mensch lebt spätestens seit der Nutzung des elektrischen Stroms in einem Zustand permanenter Verfügbarkeit. 24 Stunden rund um die Uhr und zu jeder Jahreszeit ist er in pausenlose Arbeits-, Produktions- und Handelsprozesse eingebunden, die ihn zu einem bloßen in Ressourcen und Kontingenten zählenden Kollektivorgan gemacht haben.

Die Einführung einer allgemeinen Schulpflicht und damit die Teilhabe jedes Einzelnen an Bildung und Wissen dürfen hingegen als größte Errungenschaft der Neuzeit angesehen werden. Dass am Ende einer schulischen Laufbahn ein Mensch in der Regel Lesen, Schreiben und Rechnen kann und in der Lage ist, mehr oder weniger komplexe Sachverhalte zu verstehen, ist ein Meilen-stein in der Geschichte der Menschheit, der leider nicht von jedem so emp-funden wird und auch nicht überall auf der Welt vorzufinden ist. Viel stärker als in der Vergangenheit ist der Mensch der Neuzeit ein Getriebener stetig wachsenden Wissens und scheinbar neuer Erkenntnisse in Wissenschaft und Forschung. Das gesellschaftliche Zusammenleben aber an Vernunftbasierten, allgemeingültigen, wertschätzenden Grundsätzen auszurichten und so etwas wie „Menschenrechte" zu formulieren, ist ebenso eine großartige Neuerung, die jedoch nicht verhindert hat, dass der Krieg und damit das gegenseitige Töten abgenommen haben.

Was zu Beginn der Neuzeit mit der Eroberung der „neuen Welt" geschah, fand im jüngst vergangenen 20. Jahrhundert seinen traurigen Höhepunkt: die Massenvernichtung von Menschen durch Menschen. Die Massenmorde, die unter Parolen wie der Vernichtung „lebensunwerten Lebens", von „Untermen-schen" oder des „kapitalistisch-imperialistischen Klassenfeindes" millionen-fach begangen wurden, werfen einen gewaltigen Schatten auf diese neue Zeit, der nicht lang genug ist, um die Millionen Getöteten unter ihm zu vergraben.

„Ich kann gar nicht so viel fressen, wie ich kotzen möchte."
Max Liebermann, 1933

Drei revolutionäre Erfindungen

Drei revolutionäre Erfindungen beeinflussen die Welt von heute maßgeblich. Sie haben, vielleicht nicht jede für sich alleine betrachtet, aber definitiv zusammen genommen ein neues Zeitalter eingeleitet, für das mir kein passender Titel einfallen möchte. Die Historiker jedenfalls nennen es *Zeitgeschichte*. Das Fliegen, das Fernsehen und der Gebrauch vernetzter Computer in einer digitalisierten Welt haben unser Leben auf der Erde jedenfalls weit mehr beeinflusst als die Erfindung der Atombombe. Das mag den Einen oder die Andere verwundern, ist aber so.

Als am 21. November 1783 die ersten Menschen in einem von den Gebrüdern Montgolfier erbauten Heißluftballon in den französischen Himmel abhoben, wird dem einen oder anderen Zuschauer vielleicht schon klar geworden sein, dass ein neues Zeitalter angebrochen war. Spätestens aber mit der (Weiter-) Entwicklung eines aerodynamischen Steuerungssystems für Flugzeuge durch die Gebrüder Wright zu Anfang des 20. Jahrhunderts war offensichtlich, dass die Eroberung des Luftraums durch die Menschen begonnen hatte. Heute fliegen uns Düsenjets in kürzester Zeit rund um die Welt. Dieser von manchen vielleicht als ein Segen bezeichnete Umstand birgt jedoch mehr Risiken und Gefahren, als dass er nutzt. Zwar sterben erwiesener Maßen weniger Menschen durch Flugzeugabstürze als durch Kraftfahrzeugunfälle auf den Straßen, allerdings ist der betriebene Sicherheitsaufwand in der „Fliegerei" auch deutlicher höher als am Boden. Entscheidend ist jedoch, dass das Fliegen des 20. und frühen 21. Jahrhunderts gewaltige Ressourcen verbraucht. Der Hochleistungskraftstoff Kerosin verschlingt immense Tonnen von Öl, das immer kostbarer und begehrter wird in der modernen Welt. Öl dient bekanntermaßen nicht nur als Brennstoff, sondern wird für fast alle Produkte des heutigen Lebens benötigt. Viele Kunststoffe wie Plastik, Nylon oder Gummi bestehen zu einem nicht unerheblichen Teil aus Öl. Die Menschen verbrennen es jedoch in der Luft, um von Tokyo oder Sydney über Frankfurt, Paris, London und Amsterdam nach New York, Washington, Sao Paulo oder Mexico City zu gelangen. Dabei verbrennen wir nicht nur einen kostbaren Rohstoff, sondern setzen uns auch den Gefahren eines multinationalen Austauschs von Menschen, Gütern und den mit ihnen reisenden Keimen und Krankheiten aus. Ob der Mensch in Europa oder Amerika täglich frische Litschis aus Indochina braucht oder ob der Europäer jedes Jahr einen anderen Sommerurlaub in den entlegensten Winkeln der Kontinente machen muss, spielt dabei keine Rolle. Dass er es zu halbwegs erschwinglichen Preisen tun kann, ist das Ausschlaggebende. Die Tatsache, dass heute Kulturen und Kulturgüter, die sich über Jahrtausende mehr oder weniger autark entwickelt haben, durcheinander geschüttelt werden wie ein schlecht gemixter *„Frozen Daiquiri"*, bei dem das Mischungsverhältnis und die Zutaten nicht stimmen, wurde von den Zeitgenossen noch nicht hinreichend gewürdigt. Erst die Zukunft wird zeigen, wie segensreich diese neue zusammengewachsene Welt wirklich ist. Unter dem neumodischen Begriff „Diversität"[104] wird durch eine rosarote Brille ein schöner Schein vorgegaukelt. Schon jetzt darf bezweifelt werden, dass die bunte Welt der Zukunft friedvoller werden wird.

Der Umstand, dass wir heute die uns so fremden Kulturkreise und ihr natürliches Umfeld täglich im Fernsehen *sehen* können, beflügelt unsere Lust, sie nicht nur auf der „Mattscheibe" wahrzunehmen, sondern real zu erleben. Also fliegen wir um die Welt und entdecken dabei das uns Fremde, Neue, Unbekannte. Das Fernsehen ist das gefährlichste Massenmedium der heutigen Zeit. Es erreicht Milliarden von Menschen und hält sie davon ab, sich mit Dingen zu beschäftigen, die ihnen einen gewissen Erkenntnisfortschritt verschaffen könnten. Zwar soll das sogenannte „öffentlich-rechtliche" Fernsehen einem Bildungs- und Informationsauftrag für die gesamte Bevölkerung nachkommen, in Wirklichkeit unterscheidet es sich kaum noch vom Privatfernsehen. Überflüssige Talkshows, Quizsendungen, Spiel- und Fernsehfilme sowie zahllose Serien, gerne auch „Seifen-Opern" genannt, liefern sich einen Wettstreit mit Sport- und manipulierten Nachrichtensendungen, die, durch idiotische Werbung unterbrochen, eine echte Strafe des frühen 21. Jahrhunderts darstellen.

Der Schauspieler und Satiriker Oliver Kalkofe bezeichnet es so:

„Interessanterweise stammen die meisten unserer sogenannten Vorbilder [...] eher aus dem fiktionalen Bereich, meist sogar aus dem Fernsehen. Ich erinnere mich, dass ich als Kind absolut begeistert war von „Bonanza". Diese humanistisch orientierte und politisch höchst korrekte Männer-WG, in der trotzdem alle Mitglieder bewaffnet waren, faszinierte mich. Wie viele meiner Freunde wollte ich so cool werden wie Little Joe, es reichte dann allerdings nur zur Figur von Hoss. Colt Seavers, J. R. Ewing, Godzilla, Al Bundy – sie alle haben zu meiner Entwicklung in hohem Maße beigetragen. Die unendlichen Welten des TV-Universums waren voller Wesen, die zwar größtenteils nicht real existierten, aber in unseren Herzen zu leben begannen.

Und heute? Wem sollen wir noch nacheifern? Was hätte man gern von Dieter Bohlen, außer seinem Konto? Welche Frau möchte überpumpte Bollermänner, aufgemalte Augenbrauen oder eine intellektuelle Dunstabzugshaube im Schädel wie das dauergrinsende Human-Imitat Katzenberger? Liegt der Sinn des Lebens in der demütig erbettelten Anerkennung durch irgendeine gelangweilte Superpups-Jury? Selbst wenn man täglich die hirnentkernte Affenarsch-Parade von „Berlin – Tag & Nacht" live im Fernsehen oder bei Facebook begleitet, würde man das eigene Leben auch mit einer evolutionär ausgebremsten Unsympathen-WG im Strudel prolliger Nutzlosigkeit verbringen wollen?

---

[104] steht für Vielfalt bzw. Vielfältigkeit und verdrängt heutzutage mehr und mehr den in der Politik (vor-)belasteten aber grundsätzlich zutreffenden Begriff der Integration in der Migrationsdebatte [vgl. Fn. 99]

Wo finden wir beim Zappen überhaupt noch Gestalten, deren Existenz uns nicht laut aufschreien lässt, um nicht vom Brechreiz überwältigt zu werden? Beten wir, dass der liebe Gott nicht fernsieht – wir könnten sonst die nächste Sintflut schon mal im Kalender eintragen."[105]

Die Abschaffung des Fernsehens wäre wohl ein Segen. Aber eine zunehmend an Verfettung und Verblödung erkrankte Gesellschaft lässt sich ihre Lieblingsdroge, die sie davon ablenkt, sich mit sich selbst und den Dingen der Welt zu befassen, nicht wegnehmen. Und so werden wir mit der „revolutionären Erfindung" dieses Mediums bis zu unserem Ende weiterleben müssen.

Konrad Zuse (1910 – 1995) war der Erfinder des ersten in binärer Gleitkommarechnung arbeitenden Computers. Ob ihm bei seiner Erfindung aus dem Jahr 1941 klar war, wie sehr diese die Welt verändern würde, darf bezweifelt werden. Die in der Folge entwickelten Rechengeräte avancierten schnell zu beliebten Helfern des Arbeitsalltags. Sie sorgten aber nicht nur für eine Erleichterung der täglich anfallenden Büroarbeit, sondern sie erhöhten durch ihren Einsatz auch gleichzeitig die Geschwindigkeit fast aller Arbeitsprozesse. Außerdem haben sie einen Großteil der bestehenden Arbeitsplätze auf Sachbearbeiterebene und im einfachen Dienstleistungsgewerbe wegrationalisiert. Es wird aufgrund dieser Erfindung zukünftig nicht mehr, sondern immer weniger Arbeit für die Menschen geben. Hochqualifizierte Studienabgänger und Handwerker werden zukünftig noch einen Job finden, der einfache, weniger gebildete Arbeiter wird auf einem immer schwieriger werdenden Arbeitsmarkt hingegen ein ständig nach Arbeit Suchender sein. Die Erfindung des Computers und der durch ihn gesteuerten Hochleistungsmaschine hat dem Menschen eben nicht nur die Arbeit erleichtert, sondern sie ihm gleichzeitig weggenommen.

Zudem haben die vernetzten multimedialen Geräte den Menschen auch gläsern, ja regelrecht durchschaubar werden lassen. Jeder Schritt im Internet, jedes Bewegen mittels GPS[106] ist nachvollziehbar geworden. In immer transparenteren Netzwerken teilt der Einzelne freiwillig oder unfreiwillig seine intimsten Gedanken und persönlichen Kauf- oder Essgewohnheiten mit. Er wird zum Objekt einer pervertierten Verkaufs-Industrie, die ohne moralischen Anspruch nur noch den Profit sieht oder mit pseudomoralischer Rechtfertigung einem Überwachungswahn frönt. Der Nutzen des globalen Computernetzes für den Einen geht zu Lasten des Anderen, der entweder seinen Job, sein Persönlichkeitsrecht oder beides verliert. Wer heute noch der Nutznießer ist, wird morgen schon der Verlierer sein.

---

[105] Oliver Kalkofe in seinen „letzten Worten" über das Fernsehen, TV-Spielfilm vom 5.12.2012

[106] GPS steht für Global Positioning System = globales Navigationssatellitensystem zur Positionsbestimmung und Zeitmessung.

„Let's do the time warp again."
The Rocky Horror Picture Show, 1975

Heute ist gestern – oder die Zukunft ist schon da

Jules Verne (1828 – 1905) und Herbert George Wells (1866 – 1946) sind vielleicht nicht die beiden bedeutendsten Science-Fiction-Autoren. Höchstwahrscheinlich gehören sie aber zu den meistgelesenen und mit ihren Erzählungen am häufigsten verfilmten Verfassern visionärer Zukunftsgeschichten. Viele Science-Fiction-Autoren nahmen in ihren Werken die Zukunft vorweg. Man denke nur an die Reise zum Mond.

Der „grenzenlose Möglichkeitsraum" ist zugleich ein „Realitätserschaffer" und „Geschichtsveränderer". Eine Zeitreise in die Vergangenheit jedoch zu unternehmen, erscheint auf den ersten Blick unmöglich. Man stelle sich vor in die Vergangenheit zu reisen und bei dieser Reise aus Versehen seinen eigenen Vater im Kindesalter zu töten. Man würde nie geboren werden, um diese Zeitreise später einmal anzutreten. Ein Paradoxon. Und doch ändert sich die *(Kenntnis von der)* Vergangenheit ständig. Allerdings spielen dabei historische Forschungen oder Zufallsfunde eine maßgebliche Rolle. Als musikbegeisterter Mensch bin ich stets auf der Suche nach „neuer-alter Musik". Die sogenannten „Kleinmeister", die oft im Schatten der großen Komponisten stehen, interessieren mich dabei hauptsächlich. Aber selbst bedeutende Meister wie der Barockkomponist Antonio Vivaldi (1678 – 1741) wären wahrscheinlich in der musikgeschichtlichen Versenkung verschwunden, wenn nicht ein Zufallsfund aus dem Jahre 1927 in einem piemontesischen Kloster das überwiegende Werk dieses kreativen Schöpfers zurückgebracht hätte. Und anderen Komponisten wurden großartige Werke zugeschrieben, obwohl sie überhaupt nicht deren Urheber waren. Die gewaltige Missa Salisburgensis beispielsweise hielt man längere Zeit für ein Werk Orazio Benevolis (1605 – 1672), obwohl man heute zu wissen scheint, dass sie eine Komposition Heinrich Ignatz Franz Bibers (1644 – 1704) ist. So verändert sich in einem übertragenen Sinne die Vergangenheit – und zwar ständig. Vielleicht werden wir aufgrund neuerer Forschungen und Funde vielleicht doch irgendwann erfahren, dass William Shakespeare (1564 – 1616) gar nicht der (alleinige) Schöpfer der ihm zugeschriebenen Werke ist, sondern Christopher Marlowe (1564 – 1593?).

Das Phänomen Zeit ist ein außerordentlich interessantes. Der Wissenschaftler Karlheinz Geißler hat dem Faktor Zeit mehrere Abhandlungen gewidmet.[107] Zeit entzieht sich unserer sinnlichen Wahrnehmung, denn der Mensch kann die Zeit weder sehen noch hören und sie lässt sich auch nicht riechen, schmecken oder (er-)fühlen. Keines unserer Sinnesorgane kann die Zeit „fassen". Und doch ist sie irgendwie da, denn immer genauer funktionierende Atom-

---

[107] z.B. Karlheinz Geißler, Wart' mal schnell (Minima Temporalia), Stuttgart/Leipzig 2002; ders. Alles hat seine Zeit, nur ich hab keine, München 2011; ders. Enthetzt Euch! Weniger Tempo – mehr Zeit, Stuttgart 2012

uhren messen die Zeit bis zur achten Stelle hinter dem Komma. Dabei ist festzustellen, dass die Zeit nicht überall gleich verläuft. Auf dem Mount Everest vergeht die Zeit langsamer als unten im Tal. Das Instrument der Zeitmessung darf dabei übrigens nicht mit der Zeit selbst verwechselt werden. „Der Chronometer ist (nur) eine von Menschen gemachte Hilfskonstruktion, um Zeit sichtbar und kalkulierbar zu machen. Über das Wesen der Zeit, ihre Qualitäten, gibt die Uhr nicht die geringste Auskunft."[108]

Dass Zeit mal schnell und mal sehr langsam verläuft, lernt schon jedes Kind. Wenn es etwas Aufregendes zum Spielen gibt oder man mit Freunden draußen herumtollt, scheint die Zeit geradewegs zu fliegen. Muss man hingegen mit den Eltern brav am Tisch sitzen und langweiligen Gesprächen zuhören, scheint sie stillzustehen. Sekunden werden dann zu Minuten und Minuten zu Stunden. Erwachsenen geht es nicht viel anders. Die schönen Momente fliegen oft an uns vorbei, während das Warten auf einen oder in einem unangenehmen Termin kein Ende zu nehmen scheint. Zeit ist und bleibt ein „eigen Ding".

Wenn wir zu unserem in die Vergangenheit Reisenden zurückkehren, können wir versuchen das Paradoxon aufzulösen. Stellen wir uns vor, dass unser Universum kein statisches in sich geschlossenes *vier*dimensionales Gebilde ist, sondern ein vieldimensionaler Möglichkeitsraum, in dem alles, was vorstellbar auch realisierbar ist, gelangen wir zu einer anderen Welt. Wir gelangen in den anfangs erwähnten „grenzenlosen Möglichkeitsraum", in dem alles, was theoretisch möglich, auch in irgendeiner Form *real* ist. Déjà-vu-Effekte, Sternentore, Avatare[109] bekommen dann einen ganz eigenen Sinn. Unser in die Vergangenheit Reisender tritt seine Reise an mit der (traurigen) Gewissheit, nie wieder an den ursprünglichen Ausgangspunkt zurückzukehren. Er landet in einem Paralleluniversum, so wie der mysteriöse Graf Saint Germain, der auftauchte, um von einer unglaublichen Zukunft zu berichten und ebenso seltsam verschwand, wie er gekommen war.

Sogenannte Wissenschaftler, die Zeitreisen, Teleportation, Wurmlöcher und vieles *Phantastische* mehr für Humbug und nicht realisierbar halten, sind nicht viel anders als mittelalterliche „Glaubenskongregatoren" beziehungsweise Inquisitoren, die seinerzeit für sich in Anspruch nahmen, Hüter einer einzigen und alleinigen Wahrheit zu sein. Was gestern jedoch noch völlig unmöglich erschien, wird morgen schon zur Selbstverständlichkeit, zur

---

[108] Karlheinz Geißler, Enthetzt Euch! Weniger Tempo – mehr Zeit, Stuttgart 2012, S. 20.

[109] Avatar leitet sich aus dem Sanskrit Avatara ab und steht für das Herabsteigen eines Gottes (Vishnu) in die irdischen Sphären. Durch den gleichnamigen Film von James Cameron erlangte der Begriff eine neue Bedeutung. Mithilfe eines künstlich hergestellten oder einfach bewusstlosen anderen Körpers gelangt man über einen „Transmitter" von dem einen in den anderen Körper. Stellen wir uns nur einmal vor, die große Pyramide auf dem Gizeh-Plateau und der Sarkophag in der Königskammer stellen einen solchen „Transmitter" dar. Man bräuchte keine regelmäßigen Raumzeitreisen mehr, sondern die Besucher des Orion oder der Plejaden beispielsweise nutzten diesen, ihren Avatar um auf die Erde zu gelangen und hier zu agieren.

alltäglichen Praxis. Ob es sich dabei um etwas jenseits des heute Vorstellbaren handelt, was unser hochdimensionales Gehirn nur noch nicht herunterzubrechen vermag oder, um uns heute ganz vertraute Dinge, die unsere Urgroßeltern noch für nie machbar gehalten hätten: Die phantastische Zukunft ist schon da, ob wir es wollen oder nicht. Deswegen sollten wir auch sehr vorsichtig sein, die Existenz von auf Elektromagnetismus sich im mehrdimensionalen Raum bewegenden Flugobjekten zu bestreiten, nur weil wir deren Funktionalität nicht kennen oder zur Zeit nicht erklären können. In diesem Zusammenhang sei mir gestattet darauf hinzuweisen, dass es schon heute möglich ist, in der Retorte erzeugtes Rinder- oder Schweinefleisch zum Verzehr herzustellen. Nur weil diese Erzeugung noch zu langwierig und zu kostspielig ist, züchten und schlachten wir Tiere noch auf die herkömmliche Art. Schon sehr bald wird das wahrscheinlich aber nicht mehr nötig sein.

Warum es für uns Menschen so unglaublich schwer zu akzeptieren ist, dass die Welt und ihre Geschichte vielleicht nicht immer so ist, wie sie sich uns auf den ersten Blick darstellt, ist wohl damit zu erklären, dass unsere Sinne und unser Bewusstsein uns an den drei- bzw. vierdimensionalen Raum fesseln. Hier kennen wir uns aus und fühlen uns sicher. Zudem wird uns von klein auf durch fast jede Religion vermittelt, dass wir die Krone der Schöpfung seien. Als Kinder Gottes sind wir Herren allen Lebens auf dieser Welt. Und die Evolution gibt uns auch noch Recht. Kein Lebewesen auf der Welt ist in der Lage dem Menschen seine Herrschaft über die Erde streitig zu machen. Nur der Mensch selbst ist dazu fähig. Nicht selten arbeitet er daran sich von der Erde zu fegen bzw. sich seiner Lebensgrundlagen zu berauben. Gleichzeitig sind wir als „Kinder Gottes, Jahwes oder Allahs" ihm allerdings auch zu striktem Gehorsam und ewiger Treue verpflichtet. Nichts ist für einen führenden „Patriarchen" schlimmer, als einen Sohn oder eine Tochter seiner Glaubensgemeinschaft durch Aus- oder Übertritt zu verlieren. Es scheint mir daher ratsam zu sein, sich mit der Religion wenigstens kurz auseinanderzusetzen.

Kapitel 3
Religion

„Es ist unmöglich, dass ein Mensch ohne Religion seines Lebens froh werde"
Immanuel Kant, ‚Reflexionen zur Religionsphilosophie' Nr. 8106

***Die Religion ist** der Seufzer der bedrängten Kreatur,*
das Gemüt einer herzlosen Welt, wie sie der Geist
*geistloser Zustände ist. Sie ist **das Opium des Volkes**."*
Karl Marx, Einleitung ‚Zur Kritik der Hegelschen Rechtsphilosophie'

Einleitung

Schon der Begriff der Religion bringt eine gewisse Schwierigkeit mit sich. Das Wort Religion leitet sich wohl aus dem Lateinischen Wort religio stammend von religare „an- oder zurückbinden" ab. Im Grunde genommen gehen alle Religionen von der Existenz eines oder auch mehrerer „höherer Wesen" (Götter) aus und beschäftigen sich mit der Herkunft, Gegenwart und Zukunft des Menschen. Dabei spielen Heilslehren, weitere „Wesen übernatürlicher Herkunft" (Engel, Götterboten) sowie Rituale und Kulthandlungen eine essentielle Rolle.

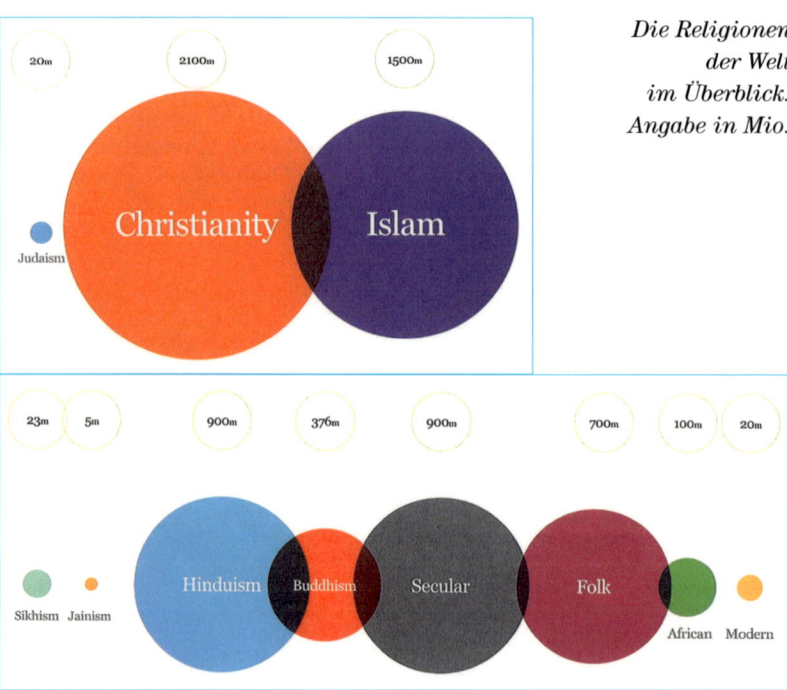

Die Religionen der Welt im Überblick. Angabe in Mio.

Allein die Beschäftigung mit den fünf großen Weltreligionen (Hinduismus, Buddhismus, Christentum, Islam sowie chinesischer Universismus oder Konfuzianismus) würde die Arbeit des Buches an dieser Stelle sprengen. Daher beschränke ich mich nach einer kurzen Einleitung auf die beiden zahlenmäßig größten und zum jetzigen Zeitpunkt die Weltgeschichte am stärksten beeinflussenden Religionen des Christentums und des Islams.

> οἶδα οὐκ εἰδώς, oîda ouk eidōs
> *„Ich weiß, dass ich nicht(s) weiß."*
> Sokrates (Platon)

Was war am Anfang?

Das eingangs dieses Kapitels von Platon (428/27 – 348/47 v. Chr.) stammende (wohl verkürzt wiedergegebene und Sokrates (469 – 399 v. Chr.) zugeschriebene) Zitat passt auf die hier gestellte Frage, was am Anfang menschlicher Glaubensgeschichte steht. Wir wissen es nicht, denn es gibt kaum für uns lesbare Aufzeichnungen, sondern nur schwer zu interpretierende Artefakte. Und wieder sieht man sich mit der Entstehungsgeschichte des Menschen konfrontiert, wobei ich mir hier Wiederholungen ersparen möchte.

Frühe archaische Gesellschaften verfügten jedenfalls über bisweilen gute astronomische Kenntnisse und konkrete Vorstellungen von der Natur und den Göttern wie beispielsweise die Ausgrabungen in Stonehenge belegen. Die indianischen Kulturen quer durch den amerikanischen Kontinent hinterließen auch auf Steinen und in Höhlen für uns heute immer noch kaum zu enträtselnde Zeichen. Ebenso stellen einige Bauten und Ruinen die Archäologen vor große Herausforderungen. Wie schon erwähnt ist die Vor- und Frühgeschichte menschlicher Kulturen für uns zumeist „ein Buch mit sieben Siegeln", von abenteuerlichen angeblich frühmenschlichen Spuren wie dem Yonagunikomplex[110] einmal völlig abgesehen. Frühe Kulturen glaubten wohl zumindest an die Kraft der Natur und waren von der Existenz einiger „Naturgeister", Fabelwesen und zumeist auch mehrerer Götter überzeugt. Der Polytheismus[111] steht jedenfalls vor der Entstehung des Monotheismus.

Schließlich kristallisiert sich früh heraus, dass Religion und wohl auch Magie „Männerkram" sind. Zwar gab es schon in frühen Gesellschaften Priesterinnen, wie zum Beispiel die Vestalinnen im alten Rom. Die überwiegend patriarchalischen Gemeinschaften stellten an die Spitze ihrer geistlichen Strukturen allerdings Männer. So wie die Medizinmänner, Schamanen, Druiden und Pontifices in alter Zeit Männer waren, werden auch heute noch die Posten der Äbte, Bischöfe, Imame und Gurus von Männern bekleidet. Frauen spielten und spielen in den führenden Religionsgemeinschaften der

---

[110] Bei dem sogenannten Yonagunikomplex handelt es sich um ein nahe der Insel Yonaguni unter Wasser liegendes Monument, dessen Entstehung unter Archäologen umstritten ist.
[111] Polytheismus bedeutet im Gegensatz zum Monotheismus die Verehrung einer Vielzahl persönlich gedachter Götter.

Welt nur eine sehr untergeordnete Rolle. Und wenn sie im Bereich der Magie vorkamen, dann als Hexen oder zumeist böse Zauberinnen. Vielleicht ist das Patriarchalische auch ein Grund dafür, dass Kriege überhaupt aus religiösen Motiven heraus geführt werden.

Betrachten wir uns nun aber die Geschichte eines Mannes, nach dessen Geburt wir heute noch unsere Zeitrechnung bestimmen.

> *„Siehe, eine Jungfrau wird empfangen und*
> *gebären einen Sohn und sein Name heißt:*
> *Immanuel – Gott mit uns."*
> *Jesaja 7, 14*

Die etwas andere Christusgeschichte

Erlauben Sie mir, dass ich Ihnen an dieser Stelle also eine spannende Geschichte erzähle. Es ist die Geschichte eines Mannes namens Jesus von Nazareth, auch Jesus Christus genannt. Wir wissen erstaunlich wenig über diesen Mann, der die Geschichte der Menschheit doch recht maßgebend beeinflusst hat. Die wohl verlässlichsten Quellen sind die vier Evangelien, die nach Ihren angeblichen Verfassern benannt sind. Während Matthäus und Lukas Ihre Schriften um ca. 80 nach Christi Geburt verfasst haben sollen, schrieb Markus seine Abhandlung schon um ca. 60. bis 70 n. Chr.[112] und ist somit der Früheste der vier Autoren. Wir dürfen davon ausgehen, dass Markus selbst noch mit Menschen gesprochen hat, die Jesus persönlich erlebt haben. Dies ist eine wichtige Information, die man nicht außer Acht lassen sollte, weil der letzte der vier Evangelisten, Johannes, sein Evangelium um ca. 110 nach Christi Geburt verfasst hat und wir somit davon ausgehen dürfen, dass er wohl kaum noch Zeitzeugen befragen konnte und überwiegend auf sogenannte Sekundär- und Tertiärquellen angewiesen war. Neben diesen namhaften Synoptikern gibt es die Zeugnisse und Briefe des Paulus und Petrus im „Neuen Testament" sowie apokryphe und gnostische[113] Überlieferungen zur Wirkungsgeschichte Christi.

Nun aber zu der etwas anderen Christusgeschichte: Es war einmal eine junge Frau namens Maria. Die war aus einer Beziehung zu einem Mann ungewollt, und was noch viel schlimmer wog, unehelich schwanger. Ein um einige Jahre älterer Mann mit dem Namen Josef nahm sich der jungen Maria an, nahm sie so schwanger, wie sie war, zur Frau und verließ mit ihr die Stadt. Es war zur damaligen Zeit in diesem Kulturkreis alles andere als einfach und schon gar nicht gesellschaftsfähig unehelich ein Kind zu bekommen. Schlechtestenfalls drohte der Tod durch Steinigung. Der mitleidsvolle Josef jedenfalls, dessen Mitleid sich rasch in Liebe und Zuneigung verwandelt haben dürfte, tat gut daran mit seiner jungen Frau die Ortschaft, in der sie jeder kannte, zu ver-

---

[112] Vgl. für Viele: K. Ceming und J. Werlitz, Die verbotenen Evangelien, Wiesbaden 2004, S. 17 ff.

[113] Als Gnosis oder Gnostizismus werden verschiedene religiöse christliche Lehren und Gruppierungen des frühen zweiten und dritten Jahrhunderts nach Christi Geburt bezeichnet.

lassen. Außerdem war das Volk bekanntermaßen zu einer großen Volkszählung aufgerufen, was es erforderlich machte, sich zum Ort der Zählung zu begeben.

Das Reisen zu der damaligen Zeit war beschwerlich und langwierig. So war es auch wenig verwunderlich, dass bei Maria während der Reise die Wehen einsetzten. Eile war geboten und Josef versuchte in der nächstgelegen Ortschaft eine irgendwie geartete Bleibe aufzutreiben, in der Maria das Kind zur Welt bringen konnte. In Bethlehem hatten sie Glück, na ja zumindest so etwas ähnliches wie Glück. Da beide relativ mittellos[114] waren, bot Ihnen nur ein freundlicher Mensch eine Unterkunft an. Ob es sich dabei wirklich um einen Stall gehandelt hat oder einen Keller, ist für unsere Geschichte weniger wichtig. Auf jeden Fall war alles besser als irgendwo am Straßenrand zu entbinden. Und so geschah es, dass Jesus das Licht der Welt in außerordentlich ärmlichen Verhältnissen erblickte.

Die Geschichte mit dem Stern und den drei Weisen aus dem Morgenland wollen wir bitte mal ebenso in das Reich der Phantasie bzw. Dichtung verfrachten, wie die vielen Erscheinungen des Herrn in den Träumen des Josef und die Engelsverkündigung der Maria. Ähnliches gilt für die mühseligen Abstammungstafeln von David zu Jesus. Doch wie ging es nun weiter mit unserer jungen Familie. Ehrlich gesagt: wir wissen es nicht genau. Irgendwann jedoch sind die drei (wieder) in Nazareth gelandet und müssen hier eine Bleibe gefunden haben. Neueren Untersuchungen zufolge könnte Josef so eine Art Tagelöhner gewesen sein, der sich mit handwerklichen Arbeiten durchschlug. Er dürfte auch Zimmermannsarbeiten gemacht haben. Sein Beruf spielt für die weitere Geschichte aber auch keine wesentliche Rolle. Jesus jedenfalls dürfte etwas Ähnliches wie sein Vater gemacht haben. Und als erstgeborener Sohn wird er wohl auch schon im Kindesalter hart mitgearbeitet haben. Übrigens hatte Jesus eine Reihe von Geschwistern und war definitiv kein Einzelkind. Die Evangelisten Markus, Matthäus und Lukas erwähnen dies ausdrücklich.[115] Unser junger Jesus war jedoch alles andere als glücklich. Harte Arbeit in wahrscheinlich eher ärmlichen als wohlhabenden Verhältnissen ist wohl kaum der Traum eines Menschen. Leider erfahren wir wenig über das Kind Jesus. Er verwickelte wohl wenigstens einmal ein paar priesterliche Gelehrte in ein Gespräch im Tempel und das war es dann auch schon.[116] Dies zeigt uns wenigstens, dass Jesus eine gewisse intellektuelle Begabung zu haben schien. Anders ist es nicht zu erklären, dass es die Chronisten für würdig hielten uns dies mitzuteilen.

Doch dann geschah etwas, was das Leben unseres jungen Jesus grundlegend veränderte. Ein Mensch kam nach Nazareth, vermutlich ein bekannter Handelsreisender. Vielleicht sogar auf das Drängen des jungen Jesus selbst hin, sahen sich seine Eltern veranlasst eine folgenschwere Entscheidung zu

---

[114] Ob die Familie wirklich aus ärmlichen Verhältnissen stammte, ist nach wie vor strittig.
[115] Vgl. Markus 3, 31, Matthäus 12, 46 und Lukas 8, 19
[116] Vgl. Lukas 2, 41ff.

treffen. Es war damals durchaus üblich seine Kinder in die Obhut von anderen zu geben. Dies hatte zwei Gründe: Erstens brauchte man einen hungrigen Mund weniger durchzufüttern und zweitens ermöglichte man seinem Sprössling dadurch die Chance, raus aus den ärmlichen Verhältnissen zu kommen. Jesus nahm dieses Angebot dankbar an. Sein Leben veränderte sich von Grund auf.

Jesus lernte nicht nur mehrere Sprachen. Er war bis dato nur des aramäischen mächtig und verstand vielleicht bruchstückhaft hebräisch. Nun lernte er Latein, Altgriechisch, Hebräisch und eventuell einige afrikanische Sprachen. Sicher beherrschte er diese nicht fließend, aber doch zumindest so, um sich verständigen zu können. Nur so ist zu erklären, dass sich Jesus später mit Pontius Pilatus unterhalten konnte. Da Pilatus wohl kaum ein Wort aramäisch sprach, musste er mit Jesus lateinisch (eventuell griechisch) reden und dieser musste wenigstens die Grundzüge der Sprache beherrschen. Unser „Handelsreisender" hatte zunächst Glück. Jesus war ein gelehriger Schüler und unterstützte ihn auf all seinen Reisen und bei der Abwicklung seiner Geschäfte. Wir dürfen davon ausgehen, dass Jesus Griechenland die nordafrikanischen Küstenregionen und natürlich Ägypten bereiste und er sich ein enormes Wissen über fremde Kulturen und Gebräuche aneignete. Damit nicht genug, muss Jesus über den vorderasiatischen Raum weit nach Asien vorgedrungen sein. Es scheint so gewesen zu sein, dass er schließlich an den Hängen des Himalajas in einem „Kloster"[117] Aufnahme fand und auch mit den ostasiatischen Gebräuchen und „Religionen" in Kontakt kam. Die Wege von Jesus und dem freundlichen „Handlungsreisenden" trennten sich schließlich.

Jesus genoss in diesem „Kloster" in den Ausläufern des Himalajagebirges eine weitere hervorragende Ausbildung. Diesmal allerdings wurde er in, wie man sich heute ausdrücken würde, fernöstlicher Philosophie und Religion unterrichtet. Er erlernte das Meditieren, besondere Konzentrationstechniken und entwickelte telepathische sowie telekinetische Fähigkeiten. Jesus begriff die Welt neu. Und er folgte dem Wunsch seines Herzens wieder zurück in seine alte Heimat zu kehren, um den Menschen etwas abzugeben von diesem Wissen um die Welt, das ihn zu einem anderen, zu einem neuen Menschen gemacht hatte. Leider reagierten die Menschen nach seiner Rückkehr nicht so, wie Jesus sich dies eventuell erhofft oder vielleicht gedacht hatte. Auf jeden Fall erfahren wir etwas mehr über den Jesus, der ungefähr im 30. Lebensjahr doch sehr plötzlich (wieder) im Gebiet des heutigen Jerusalem und Palästina auftauchte.

Zunächst einmal lässt sich Jesus im Jordan von einem Mann, der Johannes der Täufer genannt wird, taufen. Dieser Johannes ist eine erstaunliche Person, der sowohl den Unmut der jüdischen Priesterschaft wie der römischen Besatzer auf sich gezogen hat. Keine besonders gute Ausgangsposition für ein friedliches und langes Leben in einer von Unruhen und Brutalität geprägten Region. Es ist nicht auszuschließen, dass zwischen Jesus und Johannes

---

[117] Der Begriff Kloster ist hier im Sinne des ostasiatischen Kulturkreises zu verstehen.

sogar eine verwandtschaftliche Beziehung bestand. Aber die Quellenlage hierüber ist bruchstückhaft.

Johannes' Schicksal ist bekannt. Er starb unter der Herrschaft des Herodes Antipas (um 20 v. Chr. – ca. 39 n. Chr.) und hinterließ eine heterogene Gruppe „suchender Widerständler", die man auch als Sekte bezeichnen könnte. Jesus tritt nun aber in Erscheinung und versteht es, die Massen zu begeistern. Er muss eine überaus charismatische Persönlichkeit gewesen sein. Er versammelte in verhältnismäßig kurzer Zeit 12 Jünger um sich, über die wir ebenfalls relativ wenig wissen, und predigte bergauf und bergab in der Region seine Lehre von Liebe und Vergebung. Seine Jünger versahen ihn mit dem Titel Rabbi, also ‚Diener Gottes', der eigentlich nur Gelehrten zustand. Nicht nur deshalb zog auch dieser Mann den Unmut der herrschenden Priesterschaft auf sich.

Was Jesus so alles von sich gegeben und an Wundern vollbracht haben soll, ist in den vier Evangelien des sogenannten „Neuen Testaments" nachzulesen. Jedenfalls begab er sich mehr oder weniger bewusst in die „Höhle des Löwen" nach Jerusalem. Jesus konnte erahnen, dass ihn die dort herrschende Priesterkaste, die mittlerweile ihren „Schulterschluss" mit den römischen Besatzern gemacht hatte, nicht freudig empfangen würde. Zum Ärger der Herrschenden zog er auch noch gleich einem Fürsten reitend und von Palmenwedeln umgeben in die Stadt ein. Es kam sodann, wie es kommen musste: Jesus wurde gefangen genommen und ihm wurde der Prozess gemacht. Nachdem sich der römische Statthalter Pontius Pilatus[118] und König Herodes Antipas den „Delinquenten" zunächst gegenseitig zur Verurteilung hin und her geschoben hatten, entschied sich Pilatus schließlich zum öffentlichen Prozess. Dabei machte er von einem interessanten römischen Rechtsmittel Gebrauch, der „provocatio ad populum". Dieses Rechtsinstitut, das man mit Berufung des Volkes oder Anrufung an das Volk übersetzen könnte, stand ursprünglich nur römischen Bürgern zu. Es konnte allerdings auch Nicht-Römern als eine besondere Ehrung zugestanden werden. Noch heute findet sich ein Ausläufer dieses Rechts im sogenannten „letzten Wort" des Angeklagten in unserer deutschen Strafprozessordnung wieder. Dass Pilatus Jesus dieses Recht zuteil werden ließ, in Zusammenhang mit den Ereignissen um das Passah-Fest, scheint seine besondere Wertschätzung gegenüber dem Galiläer auszudrücken. In dem kurzen Wortwechsel zwischen Pilatus und Jesus fragt dieser unter anderem „Bist du der Juden König?" und Jesus antwortet: „Du sagst es."[119] Dieser Satz kann je nach Betonung natürlich eine ganz andere Bedeutung haben. Jedenfalls schien Jesus von diesem Recht kein Gebrauch machen zu wollen, denn er schwieg bei der Anrufung des Volkes, was Pilatus noch mehr in Verwunderung versetzt haben dürfte. Wie konnte dieser intelligente Mann ein ihm eingeräumtes Recht ausschlagen oder zumindest nicht nutzen? Die aufgebrachte Menge forderte die Freilassung von

---

[118] Die genauen Lebensdaten sind unbekannt.
[119] Vgl. Matthäus 27, 11

Barabas und die Kreuzigung von Jesus. Spätestens jetzt war wohl auch seinen Anhängern klar, dass es kein „Happy End" des Besuches in Jerusalem geben würde.

Was wir sodann erfahren, ist, dass Jesus tatsächlich zum Tod am Kreuz auf Golgatha verurteilt wurde. Der genaue Hergang der Kreuzigung wird uns von den Chronisten aber leider nicht mitgeteilt. Die vier Evangelisten sprechen lediglich davon, dass Jesus inmitten zwei anderer Delinquenten gekreuzigt wurde.[120] Einige Wissenschaftler glauben herausgefunden zu haben, dass es üblich war, den Delinquenten nicht an das Kreuz zu nageln, weil es zunächst einmal aus anatomischen Gründen nur schwer möglich ist. Darüber hinaus sollte der Kreuzestod nämlich auch eine qualvolle Strafe darstellen und man wollte den Verurteilten zur Abschreckung für Alle und Jeden möglichst lange am Kreuz hängen sehen. Dies legt die Vermutung nahe, dass Jesus, wie alle anderen „Verbrecher" auch, nicht an das Kreuz mit Nägeln geschlagen, sondern eng an die Balken angebunden wurde. Das Annageln durch die Handflächen und Fußrücken hätte den Körper durch das Eigengewicht rasch nach unten stürzen lassen. Ein Nageln durch Elle und Speiche hätte mit hoher Wahrscheinlichkeit die Pulsadern durchtrennt und für den Eintritt des Todes schon nach wenigen Minuten gesorgt. Einen Beweis für das Annageln an das Kreuz kann die moderne Wissenschaft sowohl aufgrund der schriftlichen Quellenlage als auch aus anatomischen Gründen derzeit nicht bieten.

Es findet sich aber ein interessantes anderes Indiz im Neuen Testament. Nach Jesus Tod wohl am frühen Abend des Kreuzigungstages bittet der Ratsherr Joseph von Arimathia Pontius Pilatus um den Leichnam. „Pilatus aber verwunderte sich, dass er schon tot wäre, [...]"[121] Diese Aussage auch noch von Markus, dem chronologisch ältesten Evangelisten, legt den Schluss nahe, dass Jesus eben gerade nicht an das Kreuz „geschlagen" wurde, denn dann wäre ein rascher Tod die sichere Folge gewesen. Die Verwunderung des Pilatus ist nur damit zu erklären, dass Jesus eigentlich noch gar nicht hätte gestorben sein dürfen, weil er eben am Kreuz „angebunden" hing und ihm noch viele qualvolle Stunden beschieden wären.

Interessanterweise scheinen schon sehr früh Zweifel am Kreuzestod von Jesus aufgekommen zu sein. Nur so ist zu erklären, dass sich beim rund fünfzig Jahre später schreibenden Evangelisten Johannes die einzige Stelle mit dem Lanzenhieb in die Seite des am Kreuz hängenden Jesus finden lässt. Markus, Matthäus und Lukas erwähnen darüber nichts.

Ähnlich unklar sind die Angaben über die Grablegung und die angebliche Bewachung des Grabes. Joseph von Arimathia, Maria Magdalena und wenigstens eine weitere Frau mit dem Namen Maria kümmerten sich um Jesus Leichnam und bestatteten ihn in einem aus dem Fels gehauenen Grab, vor das sodann ein Stein geschoben wurde, der zumindest so schwer gewesen sein muss, dass ihn zwei Frauen alleine nicht bewegt haben können.

---

[120] Vgl. Matthäus 27, 31ff.; Markus 15, 20ff.; Lukas 23, 32ff.; Johannes 19, 18
[121] Vgl. Markus 15, 44

Die gesamte Geschichte legt die Vermutung nahe, dass Jesus zu keiner Zeit am Kreuz gestorben ist. Als hervorragend ausgebildeter und in ostasiatischer Meditationstechnik unterwiesener „Sat-Guru" gelang es dem ans Kreuz gebundenen Jesus vielmehr, sich in einen Zustand perfekter Meditation zu versetzen. Vielleicht befand er sich vorrübergehend sogar im Zustand eines kataleptischen Scheintodes. Der schlaue Schachzug des Joseph von Arimathia von Pilatus die „Leiche" zu erbitten, gab der kleinen Gemeinschaft um Maria Magdalena Gelegenheit, Jesus drei Tage im Grab zu pflegen und ihm sodann die „Flucht" zu ermöglichen. Der am Kreuz nicht gestorbene Jesus konnte folglich auch nach seinem vermeintlichen „Tod" gesehen werden, was dem Mythos der Auferstehung größtmögliche Verbreitung verlieh.

Zwei Theorien wurden über das nachfolgende Schicksal dieses ungewöhnlichen Mannes aus Galiläa entwickelt. Während die Einen behaupten, Jesus gründete mit Maria Magdalena eine Familie und setzte sich nach Westeuropa in das heutige Frankreich ab, wo seine Nachkommen bis in den später aufkommenden Templerorden und noch darüber hinaus zurückverfolgt werden können, behaupten die Anderen, Jesus ging zurück nach Tibet. Leider gilt eine die letzte Theorie belegende Schrift in Sanskrit, die in einem tibetanischen Kloster gefunden worden sein soll und von einem Mann aus dem Westen berichtet, der kam, ging und wiederkehrte, als verschollen. Vielleicht wartet sie ja in einem der vielen vatikanischen Geheimarchive auf ihre (Wieder-)Entdeckung. Unser Jesus jedenfalls stieg nicht zum Himmel auf, sondern verließ diese von Krieg und Religion übersättigte Region und verschwand im Nirgendwo.

Noch zweitausend Jahre nach Jesus' Tod ist seine Lehre oder vielmehr das, was von ihr übrig geblieben und weniger das, was aus ihr gemacht worden ist, so aktuell wie eh und je. Die wesentliche Botschaft lässt sich in zwei Grundsätzen zusammenfassen:

1. „DU SOLLST LIEBEN GOTT, DEINEN HERRN, VON GANZEM HERZEN, VON GANZER SEELE UND VON GANZEM GEMÜTE."   (5. Mose 6,5)

und

2. „DU SOLLST DEINEN NÄCHSTEN LIEBEN WIE DICH SELBST." (3. Mose 19,18)

„In diesen zwei Geboten hängt das ganze Gesetz und die Propheten", antwortet Jesus Christus auf die Frage eines Pharisäers, welches das vornehmste Gebot im Gesetz sei.[122]

Die christliche Lehre (nicht die kirchliche!) ist und bleibt eine Lehre von Liebe und Vergebung. Umso schwerer wiegen die Gräueltaten der spanischen Konquistadoren im 16. und frühen 17. Jahrhundert, die unter anderem im Namen von Jesus Christus an den einheimischen Indios begangen wurden. Ohne die in den ersten fünf nachchristlichen Jahrhunderten gestorbenen Märtyrer und das Wirken der grundverschiedenen Apostel Petrus und Paulus

---

[122] Vgl. Matthäus 22, 34ff.

wäre von der christlichen Lehre heute wahrscheinlich nicht mehr viel übrig. Immer noch gelten Christen als die am stärksten verfolgte Religionsgemeinschaft weltweit[123], und das, obwohl sie die zahlenmäßig größte Glaubensgemeinschaft darstellen. Dass dabei der Begriff des Märtyrers nicht immer die gleiche Bedeutung hat, sehen wir, wenn wir uns das Leben und Werk eines rund sechshundert Jahre nach Jesus geborenen Mannes betrachten.

اللّٰهُ اَكْبَرُ

Allahu akbar
Gott ist groß

Mohammed und der Islam

Eine ganz andere Persönlichkeit ist der Mann, der unter dem Namen Mohammed (eigentlich Abul Kasim Muhammad Ibn Abdallah ca. 570 – 632) die Geschichte der Welt maßgeblich beeinflussen sollte. Neben dem Koran sind Erzählungen aus dem Leben Mohammeds über seine Aussprüche, die sogenannten Hadithen, die maßgeblichen Quellen, die über sein Wirken Aufschluss geben. Wohl früh zur Vollwaise geworden, trat Mohammed in die Dienste einer reichen und einige Jahre älteren Kaufmannswitwe mit dem Namen Hadiga ein. Er zog sich ähnlich wie Jesus für eine Weile in die öde Berglandschaft zurück, um sich Gebets- und asketischen Übungen hinzugeben.[124] Nach einem „Berufungserlebnis" änderte sich sein Leben jedoch schlagartig. Mohammed heiratete Hadiga, zeugte mit ihr sieben Kinder, darunter seine Lieblingstochter Fatima, deren späterer Mann Ali zum Anlass des Streites um Mohammeds rechtmäßige Nachfolge wurde, und begann seine Botschaft „vom nahen Gericht", die ihm der (Erz-)Engel Gabriel gesandt hatte, gen Mekka zu verbreiten. Die ersten, die seiner Botschaft Glauben schenkten, sind seine Frau, der spätere erste Kalif Abu Bakr und sein Adoptivsohn Zaid Ibn Harita. Der nur an einen Gott glaubende und das Christentum mit dem Judentum einende Monotheismus inspirierte Mohammed und war sicherlich Anlass für seine Bestrebungen, die gespaltenen arabischen Stämme zu vereinigen.[125] Sowohl die zunehmende Ablehnung gegen ihn, als auch der Tod seines Gönners Abu Talib veranlassten Mohammed allerdings Mekka zu verlassen und sich im Jahr 622 nach Medina zu begeben (sogenannte Hidjra). Hier gelang es Mohammed eine wohlgeordnete Gemeinde zu gründen, seinen Glauben mit Hilfe des arabischen Korans zu etablieren und sich zum genialen Staatsmann zu entwickeln. Seine Transformation vom Mahner [„Die nahende Stunde steht bevor"] zum Gesandten Gottes wird in dieser Zeit vollzogen.

---

[123] So das Ergebnis des 2013 veröffentlichten ‚Weltverfolgungsindex'.
[124] Vgl. Joachim Gnilka, Bibel und Koran, Freiburg i. Br. 2010, S. 24; von Glasenapp, a. a. O., S. 369
[125] Gnilka, ebda.

Die Zeit in Medina ist geprägt von kriegerischen Auseinandersetzungen mit den dort lebenden jüdischen Gemeinden, die Mohammed ablehnten. Die Männer des Stammes Banu Quraiza wurden getötet und die Frauen und Kinder als Gefangene genommen.[126] Mit frühen christlichen, wahrscheinlich jüdisch-christlichen, Gemeinden verhielt es sich nicht wesentlich anders. Mohammed erkannte, dass es mit friedlichen Mitteln allein nicht möglich war seinen Glauben durchzusetzen. Insbesondere arabische Stämme (wie die aufsässigen Mekkaner) mussten durch Feldzüge zwischen den Jahren 624 bis 627 zur Räson gebracht werden.[127] Obwohl im Kampf verwundet, stellt die Eroberung bzw. Rückgewinnung Mekkas jedoch Mohammeds größten Triumph dar. Er lässt die Kaaba erbauen und die Gebetsrichtung von Jerusalem in Richtung Mekka ändern. Seine kriegerischen Erfolge begünstigen die Ausbreitung seiner Religion. Kurz vor seinem Tod im März des Jahres 632 begibt sich Mohammed zu seiner Abschiedswallfahrt nach Mekka. „Er nimmt die heilige Stätte der Kaaba endgültig in Besitz und ordnet die Wallfahrtsvorschriften. Mohammed stirbt am 8. Juni 632 in Medina, wo er begraben wird."[128]

Mohammeds Strategie darf geradezu als genial bezeichnet werden. Indem er Jesus Christus als Propheten anerkennt und sich selbst als den Vollender eines göttlichen Auftrags mit durch den Koran empfangenen Unfehlbarkeitsanspruch bezeichnet, öffnet er die Tür für alle, die aus der jüdisch-christlichen Tradition kommend ihm folgen wollen. Gleichzeitig schafft er damit auch eine scharfe Grenze zwischen den Gläubigen, die nach dem Koran leben, und den Ungläubigen, die das nicht tun und die es entweder zu bekehren oder zu vernichten gilt.

Rund 600 Jahre nach dem Christentum entstanden, macht der Islam eine ähnliche Entwicklung durch. Der Streit zwischen Sunniten, Schiiten, Ibaditen, Alewiten und Salafisten um den „richtigen" Glauben und die richtige Auslegung des Korans und der Scharia scheint ebenso unüberwindlich zu sein wie die Auseinandersetzungen zwischen katholischen, orthodoxen, koptischen, protestantisch-lutherischen, calvinistischen oder sonstigen freikirchlichen Christen. In seiner Grundausrichtung ist und bleibt der Islam eine aggressive auf Ausdehnung und Bekehrung ausgerichtete Religion. Dies kann und darf bei der Lebensgeschichte Mohammeds auch nicht verwundern. Während Jesus Christus nach der reinen Lehre für die Sünden seines Volkes am Kreuz starb, erkämpfte sich Mohammed seinen Weg zum Religionsstifter mit dem Schwert.

Das die drei Religionen Judentum, Christentum und Islam Einende lässt sich auf zwei bescheidene Aspekte reduzieren: Alle drei Religionen sind monotheistisch und sie gehen alle drei auf den gemeinsamen „Urvater" Abraham zurück. Damit sind wir auch schon am Ende der Gemeinsamkeiten angekommen und das die drei Religionen Trennende steht klar im Vordergrund.

---

[126] Gnilka, a. a. O., S. 25
[127] Gnilka, a. a. O., S. 26; von Glasenapp, a. a. O., S. 371/372
[128] Gnilka, a. a. O., S. 27; s. a. von Glasenapp, a. a. O., S. 373

Sollte man nicht schon „im Namen des Vaters, des Sohnes und des Heiligen Geistes" als Säugling getauft worden oder unter der Gnade Allahs als Muslim geboren worden sein, ist ein Beitritt zu den beiden großen Religionsgemeinschaften Christentum und Islam jederzeit möglich. Etwas anders verhält es sich bei den Juden. Mitglied einer jüdischen Gemeinde ist eigentlich nur der aus dem Schoß einer jüdischen Mutter geborene Sprössling. Vielleicht mag die eindeutig nachgewiesen jüdische Vaterschaft, bei einer Verbindung zu einer nicht-jüdischen Mutter, auch noch ein gültiger Grund für eine Vollmitgliedschaft in der jüdischen Gemeinde sein. Beliebter ist jedoch die zweifelsfrei jüdische Mutterschaft. Der nicht jüdisch Geborene kann eine Aufnahme in die jüdische Gemeinde zwar erfahren, bleibt jedoch ein sogenannter „Goy". Die Übersetzung dieses Begriffes ist schwierig. Der Goy ist wohl jedenfalls ein nicht-jüdisch Geborener. Seiner Vollwertigkeit in der jüdischen Gemeinschaft steht seine nicht-jüdische Abstammung im Wege. Orthodoxe Juden bezeichnen den Goy bisweilen auch abwertend als Nicht-Mensch.

Wer in die Glaubensgemeinschaft aufgenommen wurde oder ihr seit der Geburt schon angehört, unterliegt in allen diesen drei Religionen den teilweise Jahrhunderte bzw. Jahrtausende geltenden Regeln und Gebräuchen. Aus dem Alten und dem Neuen Testament, Talmud und Tora, Koran und Hadithen sowie diversen Katechismen ergeben sich bisweilen strenge Verhaltensgrundsätze zur Ernährung, dem Fasten, der Heirat, der Beschneidung, dem Beten und Beichten usw. Ein Verstoß gegen diese Regeln kann den Ausschluss aus der Gemeinschaft bzw. Exkommunikation oder im schlimmsten Fall ein Todesurteil zur Folge haben. Zeitgemäß erscheinen alle diese drei großen Religionen heute nicht mehr. Ihre nicht nur zahlenmäßige Stärke erschließt sich ausschließlich aus der Tradition und des in die jeweilige Glaubensrichtung „Hineingeboren-Werdens". Der Anteil der Bekehrten, also wissentlich und absichtlich der Glaubensgemeinschaft Beigetretenen, ist im Vergleich zu den „Hineingeborenen" verschwindend gering.

Doch zurück zum Islam. Ähnlich wie sich im frühen Christentum „Juden-Christen" und „Heiden-Christen" trennten, spalteten sich zwei größere Gruppen auf, die fortan als Sunniten und Schiiten Mohammeds Religion fortführten. Die zum Teil blutigen Auseinandersetzungen zwischen diesen beiden Gruppen dauern bis in die heutige Zeit an und verhindern bisweilen ein einheitliches Auftreten der Muslime.

Ein wesentlicher Bestandteil der islamischen Religion ist und bleibt aber der Dschihad.[129] Dieser gern mit „heiliger Krieg" übersetzte Begriff ist ein wesentlicher Grund für die Ausbreitung des Islams in der ganzen Welt. Richtigerweise müsste man Dschihad wohl als „Anstrengung auf dem Wege Allahs" bezeichnen. Damit sind *alle Anstrengungen* gemeint, also sowohl friedlich-spirituelle wie kämpferisch-kriegerische Anstrengungen. Der Islam breitete

---

[129] Vgl. für Viele: Manfred Kleine-Hartlage, Das Dschihadsystem, Wie der Islam funktioniert, Gräfelfing 2010

sich in den Tausend Jahren nach Mohammeds Tod rasant in alle Richtungen aus. Dies geschah vor allem aufgrund kriegerischer Eroberungsfeldzüge so, wie es der Prophet vorgemacht hatte. Dass die muslimischen Eroberer dabei hochentwickelte Religionen und Kulturen vorfanden, deren Einflüssen sie sich nicht immer entziehen konnten[130], änderte nichts an der kriegerischen Grundhaltung zur Durchsetzung der Gebote des Propheten. Nur einige Beispiele des durchaus lesenswerten Korans möchte ich an dieser Stelle anführen. In den Suren[131] 2 [Vers 191 ff.], 8 [40], 9 [29] und 47 [5] wird ausdrücklich zur Vernichtung der „Ungläubigen" aufgerufen. Die Märtyrer, die im Kampf für den „rechten Glauben" fallen, nachdem sie siegreich waren oder möglichst viele Ungläubige getötet haben, erwartet dabei im Jenseits „großer Lohn", Sure 4 [Vers 75].

Wir erkennen zwei völlig unterschiedliche Märtyrertypen. Während der Märtyrer im frühen Christentum friedlich und ohne Gewaltanwendung für den seiner Überzeugung nach einzig wahren Glauben leidet und gegebenenfalls, seinem Heiland und dem Apostel Petrus gleich, den Kreuzestod stirbt, erkämpft sich der muslimische Märtyrer mutig und tapfer seinen Platz im Jenseits mit dem Schwert, wissend, dass ihm reicher Lohn nach erfolgreicher Schlacht zuteil werden wird.

Lange Zeit bin ich dem (Irr-)Glauben erlegen, dass die außerordentlich versöhnlichen Teile im Koran für alle Menschen Gültigkeit haben. Eine etwas genauere Auseinadersetzung mit Koran und Sunna[132] lassen aber leider nur den Schluss zu, dass diese nur für Muslime zu gelten haben. Nichtmuslime und damit Ungläubige haben mit der ganzen Schärfe des Gesetzes zu rechnen, sofern sie nicht den Glauben des Propheten annehmen. Und so wird uns wohl auch noch in naher Zukunft die eine oder andere „Schlacht um den rechten Glauben" beschieden sein.

„Suchet, so werdet ihr finden."
Evangelium nach Matthäus 7, 7
und nach Lukas 11, 9

Die ewige Suche nach der spirituellen Glückseligkeit

Für mich ist es erstaunlich, dass noch heute unsere religiös-spirituelle Welt von Menschen bestimmt ist, die vor über ca. 1.500 bis 2.500 Jahren gelebt haben. Und doch sind es Menschen wie Buddha, Konfuzius, Christus und Mohammed gewesen, welche die Mit- und Nachwelt durch ihre Spiritualität sowie ihr Wirken und Erscheinen (im wahrsten Sinne des Wortes) dauerhaft in ihren Bann zogen. Bis zum Auftreten des „guten alten *Charly* Marx" war ein Leben ohne Gott und spirituelle Riten nicht möglich. Seine Lehre konnte

---

[130] so von Glasenapp, a. a. O., S. 381

[131] Nach der Übertragung von Ludwig Ullmann neu bearbeitet und erläutert von L. W. Winter, München 1959 [Goldmann Verlag]

[132] Als Sunna bezeichnet man die „heiligen Gewohnheiten" des Propheten, die neben dem Koran die Glaubensquelle des Islam darstellen.

sich aber letzten Endes nicht durchsetzen, weil die Menschen wohl eine höhere „göttliche Instanz" zu brauchen scheinen, an die sie sich wenden können und die für ihre Nöte, Ängste und Sorgen da ist. Es scheint dem Menschen immanent zu sein, über sich eine sagen wir einmal „Kraft" zu wissen, die da ist und sowohl „ihre schützende wie weisende, um nicht zu sagen strafende, Hand hält". Kehren wir zurück zum Ursprung des modernen Menschen scheint dies nicht zu verwundern, wenn wir doch die Ausgeburt eines göttlichen Schöpfungsaktes sind.

Auf die Frage wonach alle Menschen streben, gibt es eine vermeintlich einfache Antwort: nach Glückseligkeit. Doch was ist Glückseligkeit? Naturwissenschaftlich gesehen, ist es nichts anderes als ein hormoneller Ausstoß. Bestimmte Hormone, wie beispielsweise Serothonin, lösen in uns das Gefühl unbeschreiblichen Glücks aus. Dies kann durch die Einnahme von Schokolade oder auch anderer Lebensmittel erfolgen. Aber auch Sex, Sport, der zumeist mit Erfolg verbunden ist, Drogen aller Art und die Befriedigung verschiedenster Süchte können Gefühle höchsten Glückes auslösen. Entscheidend dabei ist, dass diesem Ausstoß Enthaltsamkeit vorausgehen muss. Wie glücklich macht der Genuss eines hervorragenden Champagners, wenn man ihn täglich zu jeder Zeit und über Wochen in Massen trinkt? Wie glücklich macht der Erfolg eines gewonnen Zweikampfes, wenn man ihn andauernd und immerzu erlebt? Wie schön ist die Liebe und der Rausch eines multiplen Orgasmus, wenn man ihn mit dem einen oder anderen Partner über Stunden, Wochen und Monate hinweg erfährt?

Die Droge Nikotin beispielsweise löst einen sogenannten Belohnungseffekt aus. Nikotin wirkt stimulierend. Chemische Prozesse an den Rezeptoren in den (para-)sympathischen Ganglien sowie im Zentralnervensystem fördern die Ausschüttung des Hormons Adrenalin, welches bekanntermaßen leistungssteigernd wirkt. Zwar ist dieser Effekt, wie bei vielen anderen Drogen auch, nur von kurzer Dauer, führt aber neben den negativen Effekten, wie Gefäßverengung, Blutdrucksteigerung etc. eben auch zu einer psychomotorischen Leistungssteigerung und Aufmerksamkeitserhöhung, also auch zu einem Glücksgefühl. Anders, aber im wesentlichen Kern ähnlich, verhält es sich mit allen anderen Drogen, wenn man mal von neuen synthetischen „Spezial-Tabletten-Cocktails" absieht.

Drogen und Spiritualität haben schon immer in einem engen Verhältnis zueinander gestanden. Teilweise merken wir dies noch, wenn bei einem katholischen Gottesdienst der Weihrauch durch die Luft weht. Oder wir registrieren es, wenn sich die Angehörigen des einen oder anderen „Naturvolkes" durch pflanzliche Rauschmittel in Trance versetzen. Die Droge ist jedoch nur ein Hilfsmittel, um sich in einen höheren Bewusstseinszustand zu versetzen. Die eigentliche Kunst besteht darin, dies auch ohne ein solches Hilfsmittel zu erreichen.

Im Falle spiritueller Glückseligkeit kommt allerdings noch etwas hinzu. Menschen glauben an eine höhere Kraft oder an einen bzw. mehrere Götter. Dieser Glaube lässt sie unglaubliche Leistungen vollbringen, aber auch Leid und Entbehrung ertragen. Zumeist steht zwischen ihnen und Gott jedoch ein Vermittler. Ob Papst, Patriarch, Mullah, Kalif, Rabbi oder wie sie alle heißen mögen, sind sie es doch, die dem einfachen Menschen den richtigen Weg zu Gott weisen.

In jüngster Zeit gesellten sich „Erleuchtete" wie Sam Jung Mun, Bhagwan, Hare Krishna oder andere hinzu. Die Scientologen verfolgen wiederum ein ganz eigenes Ziel, das den Menschen in eine traurige Abhängigkeit stellt. Nur sehr selten und schon gar nicht öffentlichkeitswirksam glauben einige Menschen an sich und ihre besonderen Fähigkeiten selbst. Das spirituelle Erlebnis wird nur zu gern im Kollektiv wahrgenommen. Dabei ist doch der Zugang zu Gott und in das Transzendentale[133] hinein ein ganz individueller Prozess.

In diesem Zusammenhang sei noch einmal auf die zuvor nur kurz erwähnt Seele des Menschen zurückgekommen. Wenn wir den fassbaren, leiblichen Körper und den ihm innewohnenden intellektuellen Geist als materielles, den Gesetzen von Raum und Zeit unterworfenes Etwas verstehen, dann kommt der Seele das zeitlose, mehrdimensionale Immaterielle zu. Die Seele als (Über-)Ich ist das in Raum und Zeit jeweils Inkarnierende. Inkarniert diese Seele jedoch, wäre es sinnlos, wenn sie dies nur ein einziges Mal täte. Unter Zugrundelegung des Dualismus von Extraktion und Kontraktion des Universums und der Polarität von materieller und transzendentaler Welt ergibt nur eine sich zyklisch reinkarnierende Seele einen Sinn. Der Gedanke einer Wiedergeburt als wer oder was auch immer ist daher durchaus logisch. Die genauen Umstände der Reinkarnation bleiben jedoch spekulativ. Selbst Religionen, die von einer Reinkarnation der Seele ausgehen, sehen vor jeder neuen Inkarnation einen sogenannten *„Schleier des Vergessens"*, damit die Seele „ballastfrei" reinkarnieren kann. Je nach vorangegangener Inkarnation und persönlich auf sich geladener Schuld könnte eine Seele unter diesen oder jenen Umständen wiedergeboren werden. Ohne Zugang in das Transzendentale bleibt dies jedoch menschlicher Erfahrung und Erkenntnis verschlossen.

Der menschliche Geist sehnt sich nach einer in Materie und Natur zu beobachtenden Ordnung, weil ihm das strukturlose Chaos Angst bereitet. Nur am Rande hatte ich erwähnt, dass Zahlen im Leben der Menschen eine wesentliche Rolle spielen und die Mathematik als alle Kulturen verbindende „Ursprache" gedeutet werden kann. Zahlen können eine „Entsprechung" besitzen: Während es bei der Polarität die **2** ist, ist es sowohl in der Logik als auch der „Körper-Geist-Seele-Theorie" oder der christlichen Trinität die **3** und in der „Elemente-Kräfte-Lehre" die **4**. Jeder Erkenntnisschritt ist mit einer Zahl verbunden und jede Zahl hat eine magische, erkenntnistheoretische Bedeutung. Hierfür gibt es keinen logischen, durch Empirie oder eine mathematische Gleichung nachzuvollziehenden Beweis. Dies ist nur durch ganz persönliche praktische Übungen erfahr- und erlebbar.

---

[133] Zum Begriff der Transzendentalität darf ich ausnahmsweise einmal nach hinten zu Kapitel 5 verweisen.

Die Zahlen und ihre Entsprechung innerhalb der Erkenntnistheorie sind Folgende:

0 = Das göttliche (Ur-)Prinzip
1 = Das Ego-Prinzip (die Ich-Erkennung oder auch „Ich bin")
2 = Das Prinzip der Polarität
3 = Das Prinzip der Logik, Ratio, Vernunft
4 = Das Prinzip der Materie (Feuer, Wasser, Erde, Luft)
5 = Das Prinzip irdischen Seins und des Erdblickwinkels
6 = Das Prinzip des Unbewussten, seelischen, karmischen[134] Seins
7 = Das Prinzip der Magie und der Rituale
8 = Das Prinzip der Unendlichkeit, der Wiederholung
9 = Das Prinzip der All-Erkenntnis als Vorstufe zur Vollkommenheit
10 = (1 und 0) Die Vereinigung des Egos mit Gott

Mit Eintritt in einen (neuen) Lebenszyklus verlassen wir die 0 und treten in den Zahlenkreislauf ein. Er bestimmt jede Inkarnation und bedarf gewöhnlich mehrer Leben als es ein einziges Lebensalter hergibt.

Der kabbalistische Baum des Lebens (den man sich dreidimensional gestaltet vorstellen sollte) verfolgt einen ähnlichen, wenn auch deutlich differenzierten Zugang zu Spiritualität und Magie, zum Sein überhaupt.

Da es einem Menschen nicht gestattet ist ohne erlangte Meisterschaft zu lehren bzw. (uraltes) Wissen zu vermitteln, kann und darf ich an dieser Stelle keine weitergehenden und vertiefenden Ausführungen machen. Denn so wie ein Hochschulprofessor nur mit der erlangten Habilitation und dem Ruf einer Hochschule folgend an dieser unterrichten darf, so ist es auch nur einem wahre geistige Meisterschaft Erlangten erlaubt, das Wissen an suchende und würdige Schüler weiterzugeben. Da ich davon aber noch einen mehr oder weniger großen Schritt entfernt bin, erteile ich an dieser Stelle keine Ratschläge und gebe auch keine weiterführende Literatur an. Rituale und kultisches Handeln sind dabei nur ein Mittel zum Zweck der Erkenntnis, nie ein Selbstzweck. Den Anfang von Allem bildet neben der Verinnerlichung kabbalistischer Grundsätze, eine richtige Ernährung und Atmung sowie das Finden innerer Ruhe durch Meditation und autogenes Training. Allen Übenden wünsche ich schon jetzt viel Spaß beim Suchen, Finden, Entdecken, Üben und vor allem ERKENNEN.

---

[134] Karma *[Sanskrit, Buddhismus]* ist das die Form der Wiedergeburten eines Menschen bestimmende Handeln bzw. das durch ein früheres Handeln (vorangegangene Inkarnation) bedingte gegenwärtige Schicksal.

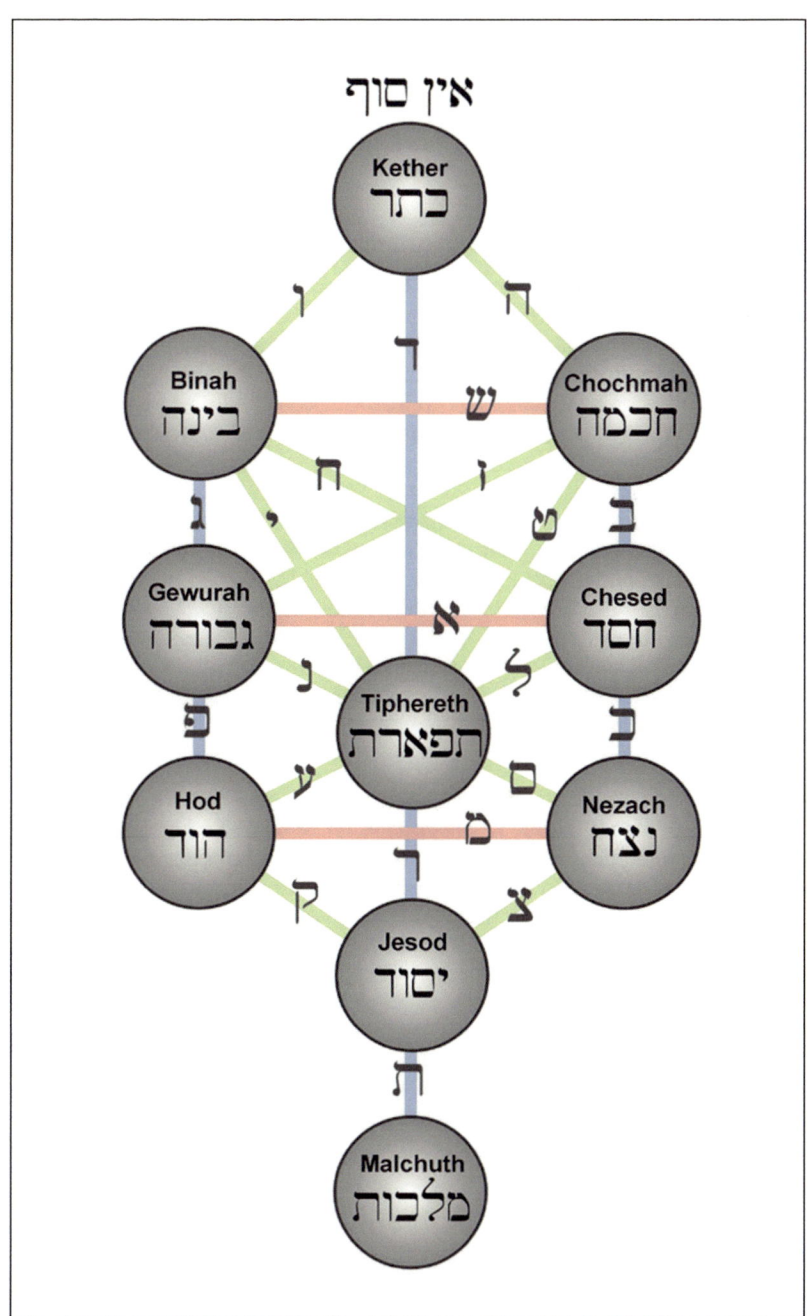

Der kabbalistische Baum des Lebens; Quelle: Wikipedia

Kapitel 4
Die Süße der Macht

Neo: „Was will er?"
Das Orakel: „Das, was alle Männer, die Macht
besitzen, wollen: noch mehr Macht!"
Matrix, Reloaded

Macht und nochmals Macht

Sicherlich lassen sich die uns Menschen beschäftigenden Fragen und Probleme nicht mit einer einzigen Antwort lösen. Bei der Frage der Macht ist das allerdings so eine Sache. „Erfolg *macht* sexy" lautet ein Sprichwort. Und wer sexy ist, hat, wie wir oben unter Kapitel 1 gesehen haben, eine größere Chance sein genetisches Material weiterzugeben – und dies eventuell auch noch in einer geradezu Glückshormone *ausschießenden* Weise. Wer Erfolg hat, gewinnt in den meisten Fällen auch an Macht. Und wer Macht erst einmal hat, gibt sie so schnell nicht wieder her. Warum das so ist, liegt zum einen wieder in unseren Genen. Zum anderen aber unterliegt die Macht auch unserer Ratio. Macht zu beschreiben ist ein schwieriges Unterfangen. Ein Blick in den Duden hilft hier ebenso wenig weiter, wie der Blick in die Gesetze oder die Verfassungen der Staaten und Völker. *Alle Staatsgewalt geht vom Volke aus* heißt es beispielsweise in Artikel 20 Absatz 2 unseres Grundgesetzes. Und daraus wird schon deutlich, dass Macht zumindest etwas mit Gewalt zu tun haben muss. Neben vielen anderen stellte sich Hannah Arendt (1906 – 1975) in ihrer Abhandlung über Macht und Gewalt[135] unter anderem dieser Frage.

Macht ist wohl der Grundbaustein eines jeden Gewalt- bzw. Herrschaftssystems. Und Macht bedarf wenigstens *einer* Kontrolle, zumeist aber mehrerer Kontrollmechanismen, wenn sie nicht ins dämonisch-tyrannische abgleiten soll. Innerhalb der Sozialwissenschaften bezeichnet der Begriff Macht sowohl die Fähigkeit auf das Verhalten und Denken von Personen und Personengruppen einzuwirken als auch Ziele zu erreichen ohne sich äußeren Ansprüchen unterwerfen zu müssen.[136] Macht spielt somit in allen Bereichen gesellschaftlichen Zusammenlebens eine essentielle Rolle. Es gibt kein zwischenmenschliches Verhältnis, egal ob im privaten, beruflichen oder öffentlichen Bereich ohne Macht. Die Auseinandersetzung um die Macht beginnt schon im Kindesalter, zunächst zwischen den Kindern und ihren Eltern und dann auch zwischen den Kindern untereinander. Diese Auseinandersetzung begleitet uns ein Leben lang und wie ansatzweise dargelegt werden konnte, ist Macht häufig Ursache schlimmer Kriege gewesen. Macht und Gewalt sind jedenfalls aneinander gekettet, wie die Pole unsere Erde.

Macht ist darüber hinaus nicht selten mit empfundener Minderwertigkeit verbunden. Ein ausgeprägter Minderwertigkeitskomplex war schon immer ein

---

[135] Hannah Arendt, Macht und Gewalt, München 1970
[136] Vgl. Wikipedia – http://de.wikipedia.org/wiki/Macht#Etymologie

besonderer Antrieb Macht zu erlangen und möglichst dauerhaft auszuüben. Menschen aus sogenannten „kleinbürgerlichen Verhältnissen" schaffen es doch recht häufig auf höhere Positionen oder gar „Chef-Sessel" in Wirtschaft und Politik. Damit möchte ich aber um Gottes Willen nicht behaupten, dass all diejenigen, die aus kleinbürgerlichen Verhältnissen stammen und erfolgreich sind, unter einem Minderwertigkeitskomplex leiden. Der Ansporn diesen Verhältnissen zu entfliehen, ist nur ein anderer als bei jenen, die schon in wohlhabenden und einflussreichen Kreisen geboren wurden.

Auch Krankheiten können zur Machtausübung missbraucht werden. Nicht selten versuchen Menschen durch ihre Krankheit(en) andere zu manipulieren. In solchen Fällen gilt der Grundsatz: *Mitleid* darf und sollte man haben, *mitleiden* auf gar keinen Fall. Krankheiten sind meist individuelle Angelegenheiten, hinter denen sich eine manchmal sehr lange Geschichte verbirgt. Was Krankheiten über uns aussagen können, haben kluge Gelehrte vielfach versucht herauszufinden. Stellvertretend seien hier neben vielen anderen Rüdiger Dahlke und Thorwald Dethlefsen[137] erwähnt.

In der Sexualität spielt Macht eine außerordentlich wichtige Rolle. Das wird allein schon daran deutlich, dass beim Liebesakt einer der Sexualpartner den Takt vorgibt oder der eine oben und der andere Partner unten liegt. Die unendlich vielen Spielarten des Sado-Masochismus, in denen es ausschließlich um Macht geht, lasse ich mal ganz außen vor.

Geld ist der wohl gebräuchlichste Faktor Macht auszuüben. Geld allein *macht* bekanntermaßen nicht glücklich, aber es beruhigt ungemein. Wer Geld hat, besitzt ein zumeist riesiges Machtmittel gegenüber denen, die es nicht haben. Der größte Feind des Reichen sind dabei nicht die Armen, sondern die anderen Reichen. Neid ist in diesem Zusammenhang auch ein beliebtes Mittel um Druck auf Menschen auszuüben, sie zu manipulieren und somit Macht zu erlangen. Macht ist eine Droge, von der manche Menschen nie genug zu bekommen scheinen.

Auch in der Berufswelt des frühen 21. Jahrhunderts scheint es nur noch um Macht zu gehen. Viele Unternehmen beschäftigen sich mit hierarchischen Umorganisationen und verschwenden Millionen und Abermillionen von Dollars und Euros an Unternehmensberater um angeblich effizienter und gewinnbringender zu arbeiten beziehungsweise zu produzieren. Tatsächlich geht es aber in den allermeisten Fällen nur um den Erhalt oder den Ausbau *persönlicher Macht* oder Strukturen zur Aufrechterhaltung derselben. Dass ein übersteigerter Narzissmus dabei bisweilen ins Monströse abgleiten kann und zu Krankheiten auf allen Seiten führt, beschreibt sehr treffend unter anderem Werner Berschneider.[138]

---

[137] Thorwald Dethlefsen, Rüdiger Dahlke, Krankheit als Weg (Deutung und Bedeutung der Krankheitsbilder), München 1983 u. 1998; Thorwald Dethlefsen, Schicksal als Chance (Das Urwissen zur Vollkommenheit des Menschen), München 1979
[138] Werner Berschneider, Wenn Macht krank macht (Narzissmus in der Arbeitswelt), Gnadenthal/Hünfelden 2011

Der Kunst zur Machterlangung steht die Kunst zur Machterhaltung in nichts nach. Eine der bekanntesten Schriften zum Thema politischer Macht verfasste der Florentiner Niccolò Machiavelli (1469 – 1527) unter dem Titel „Il Principe" (Der Fürst).[139] Es gilt noch heute als Grundschule zur Erlangung und Ausübung politischer Macht. In äußerst humoristischer Weise beschreibt Robert Greene in seinem Buch *Power* die 48 Gesetze der Macht.[140] Diese enthalten beinahe alle destruktiven und manchmal auch konstruktiven Mechanismen zu Machterwerb und -ausübung.

Ebenso wie Macht und Gewalt unmittelbar miteinander verknüpft sind, wird wohl auch der Begriff der Moral in einen Zusammenhang mit der Macht gebracht werden müssen. Als Moral bezeichnet man die Handlungsmuster bzw. Verhaltensprinzipien von Kulturgesellschaften. Damit verbunden sind die einer Gesellschaft zugrundeliegenden Sittengesetze, ethischen Rahmenbedingungen und kategorischen Wertevorstellungen. Da Macht aber ihrem Wesen nach eher amoralisch ist, dürfen Wertungen wie gut und böse keine Rolle spielen. Strategie, Täuschung, Denunziation und Lüge sind die ständigen Begleiter in Politik und Wirtschaft. Ausnahmen gibt es da leider keine.

Menschliches Zusammenleben ohne Macht gibt es nun einmal nicht. Und so ist der Traum einer „*macht*freien" Gesellschaft, wie er insbesondere im 19. und frühen 20. Jahrhundert von Kommunisten und Anarchisten geträumt wurde, ein schwärmerischer Wunschtraum, bar jeder gesellschaftlichen Realität. Da Macht allgegenwärtig ist und auf unterschiedliche Weise das Entstehen sozialer Strukturen mit ausdifferenzierten persönlichen Einflusspotenzialen bedingt[141], fragen Sie sich vielleicht einmal selbst, wo Sie bewusst oder unbewusst Macht ausüben oder Anderen und deren Machtpotentialen unterliegen. Und fragen Sie sich am besten gleich mit, ob und gegebenenfalls welche Moralvorstellungen Sie dabei zugrunde legen.

An dieser Stelle wäre es im Grunde angebracht, der Frage nach dem Zusammenhang von Macht und Moral etwas intensiver nachzugehen. Dieses Thema ist aber so umfassend, dass es sich in der gebotenen Kürze nicht unmissverständlich behandeln lässt. Ich habe mir die Vertiefung daher für eine andere Publikation mit dem Titel „Vom Ende der Demokratie" aufgehoben.

---

[139] Niccolò Machiavelli, Der Fürst, Nachdruck Frankfurt am Main, 1990 (Erstausgabe 1513/14)
[140] Robert Greene, Power, Die 48 Gesetze der Macht, 6. Aufl., München 2006
[141] Vgl. Wikipedia – http://de.wikipedia.org/wiki/Macht#Etymologie

Selbsterkenntnis ist der erste Weg zur Besserung

Die Aufforderung zur Selbsterkenntnis, also wer oder was bin ich, ist seit alters her eine erkenntnistheoretische Grundforderung. Erst nach der Selbstfindung bzw. der „Ich-Erkennung" ist Verständnis materieller und immaterieller Zusammenhänge möglich. Aber so, wie im antiken Griechenland die Fragenden meist noch ratloser vom Orakel in Delphi gingen als sie gekommen waren, so ratlos stehen viele Menschen ihrer Existenz heute gegenüber. Ein Großteil glaubt zwar zu wissen, wer sie sind, aber auf welchem (Lebens-)Weg sie wohin gehen wollen, ist vielfach nicht oder nur schwer auszumachen. Und so stellt sich nach der Beantwortung der Frage, wer ich bin, die Frage: wer will ich sein?

Menschen lassen sich typisieren. Es gibt großzügige und geizige, freundliche und feindselige, dominante und unterwürfige Menschen. Die Aufzählung ließe sich beliebig fortsetzen. Aber die wohl einfachste Unterscheidung ist die in Alpha-Männchen und -Weibchen sowie Rudel-Geschöpfe. Immer wieder gibt es Charaktere, die sich an die Spitze einer Gruppe setzen. Dabei geht es zumeist nur vermeintlich um irgendeinen gemeinnützigen Zweck. Mit ganz wenigen Ausnahmen geht es um die Durchsetzung persönlicher Ziele und damit einmal mehr um Macht. Menschen, die qua ihrer Geburt oder aufgrund irgendeiner Günstlingswirtschaft in eine besondere Machtposition gelangt sind, merkt man dies oft schnell an. Häufig fühlen sie sich an dieser Stelle nicht sonderlich wohl oder werden sehr schnell zu unbarmherzigen Tyrannen, weil sie glauben, nur durch ihr unerbittliches Verhalten ihre Position rechtfertigen zu können.

Eine schon längere Zeit zurückliegende Studie hat im Wesentlichen fünf Typen in Bezug auf den im Arbeitsprozess stehenden Menschen kategorisiert:

12 Prozent praktizieren ein *Management by Delegation (Übertragung)* und gehören damit zu Typ A. Es sind die Manager in den höchsten Chefetagen, denen die Übertragung der eigentlichen (Projekt-)Arbeit auf die unter ihnen agierenden Managementschichten zur Selbstverständlichkeit geworden ist. Mit 40 Prozent bildet Typ B die größte Gruppe und praktiziert ein *Management by Information*. Der funktionierende Informationsfluss in beide Richtungen (top-down und bottom-up) ist für sie der eigentliche Arbeitsinhalt. 10 Prozent des Typs C pflegen ein *Management by Compromise (Kompromiss)* und versuchen im ständigen Ausgleich der sich gegenüberstehenden Positionen zum Erfolg zu gelangen. Immerhin noch 36 Prozent des Typs D praktizieren ein *Management by Organisation* und organisieren sich dabei fast zu Tode. Es sind die vielen Aufgaben- und Abteilungsleiter sowie Qualitätsbeauftragte und Sachbearbeiter, denen heutzutage die Arbeit über den Kopf wächst. Nur 2 Prozent gehören Typ E an und praktizieren ein *Management by Realism*. Diese 2 Prozent, deren Zahl stetig abnimmt, sind

es, die ein funktionierendes Unternehmen egal welcher Größe und damit auch das gesamte Staats- und Wirtschaftssystem aufrecht erhalten. Sicherlich könnte man den fünf Typen andere Namen geben, aber es sind genau diese Fünf, um die sich das Rad täglicher Arbeit dreht.

Vielleicht überlegen Sie einmal zu welchem Typ Sie sich selbst zählen würden. Aber seien Sie ehrlich zu sich und behaupten Sie nicht sofort, dass Sie zu dem erlesenen Teil der 2 Prozent des Typs E gehören. Davon abgesehen, dass man ohnehin nicht lügen sollte, gilt es, zu wenigstens drei Menschen immer ehrlich zu sein: seinen behandelnden Arzt, den eigenen Steuerberater und seinen Rechtsanwalt sollten man nie belügen. Diese drei zu belügen, heißt letztendlich sich selbst zu belügen. Und dies ist bekanntermaßen nicht von Erfolg gekrönt.

Der deutsch-amerikanische Sozialpsychologe und Philosoph Erich Fromm (1900 - 1980) erarbeitete in seiner Schrift „Haben oder Sein"[142] aus dem Jahr 1976 zwei grundlegende menschliche Existenzweisen. Beim Haben geht es um die Besitzschaffung und Besitzstandswahrung, während das Sein sich auf ein Auskommen mit sich selbst sowie seiner Mit- und Umwelt beschränkt. Selbst, wenn diese beiden Existenzweisen bisweilen ineinander überzugehen scheinen, lässt sich doch häufig erkennen, ob die Eine eher an den schönen materiellen Dingen des Lebens und gewissen Statussymbolen interessiert ist oder der Andere lieber mal ins Theater geht und sich an der Pracht des eigenen kleinen Gartens mit all seinen Früchten erfreut.

Auch die Unterscheidung in sogenannte „Kopf- und Bauchmenschen" ist eine beliebte Charakterbeschreibung. Neigt man eher zu spontanen und intuitiven Gefühlsentscheidungen oder fällt man seine Entscheidungen eher nach einer längeren logischen Analyse der Dinge. Diese individuellen wie kollektiven Existenzweisen sind erkenntnispraktisch. Sie helfen nach hoffentlich erfolgreicher Ich-Erkennung auch die anderen, einen selbst umgebenden Menschen, einschätzen zu können und sorgen für Sicherheit im gesellschaftlichen Miteinander. Nichts ist für den Menschen störender, als Personen um sich zu haben, die man nicht einschätzen kann, von denen man einfach nicht weiß, wie sie denken, fühlen und handeln. Dabei spielt der archaisch konditionierte Sicherheitsgedanke des Menschen eine wesentliche Rolle. Seit frühester Zeit streben wir nach Sicherheit[143] und ver*sichern* uns lieber zweimal mehr als einmal zu wenig.

Wichtig ist jedoch, dass allumfassender Erkenntnis die Selbsterkenntnis vorausgeht. Erst wer sich selbst erkannt hat, wird die Fähigkeit erlangen, auch über das eigene Ich und die einen selbst umgebenden Menschen hinaus gehende Erkenntnis zu entwickeln. Dazu gehört bisweilen auch im Anderen das *alter ego*, das *andere Ich*, zu erkennen.

---

[142] Erich Fromm, Haben oder Sein, München 1979 (Originaltitel To Have or to Be?, 1976)
[143] und übrigens nicht nach Frieden, wie so oft angenommen oder behauptet wird.

So ist die Selbsterkenntnis im eingeleiteten sprichwörtlichen Sinn nicht nur der erste Weg zur Besserung, sondern der erste Schritt zu einem Existenzverständnis der Welt überhaupt. Daneben darf auch die Selbstliebe nicht zu kurz kommen. Denn wer sich selbst nicht riechen kann, stinkt bekanntermaßen auch anderen.

So wie sich individuelle Erkenntnis entwickelt, bildet sich auch kollektives Existenzverständnis heraus. Formulierungen wie „die da oben" oder „die dort drüben" erzeugen allerdings ab- und sogar ausgrenzende Gruppendynamiken, die einen Nährboden für Theorien bilden, denen der Gedanke einer die eigenen Geschicke lenkenden Minorität von hierarchisch Höhergestellten zugrunde liegt. Verschwörungstheorien erfreuen sich zu Beginn des 21. Jahrhunderts einer unglaublichen Beliebtheit. Deshalb sollte man sich wenigstens kurz mit ihnen auseinandersetzen.

Luke: „Ist die dunkle Seite stärker?"
Yoda: "Nein, nein, nein. Schneller, leichter, verführerischer."
Luke: „Aber wie kann ich die gute Seite von der schlechten unterscheiden?"
Yoda: "Erkennen wirst du es, wenn du Ruhe bewahrst und Frieden."
Krieg der Sterne, Episode V, Das Imperium schlägt zurück.

Verschwörungstheorien

Das spannende an Verschwörungstheorien ist, dass es eben Theorien sind und sie sich einer Beweisbarkeit mehr oder weniger entziehen. Noch spannender ist jedoch der Aufwand, den Menschen unternehmen, um derartige Theorien zu beweisen bzw. sie zu wiederlegen und nicht selten ins Absurde, Lächerliche, Unmögliche zu ziehen. Obwohl die Masse an Indizien dafür spricht, dass Lee Harvey Oswald nicht der Mörder von John F. Kennedy war, gibt es immer wieder „offizielle" Untersuchungen, die Oswald eindeutig als den Mörder des Präsidenten ausweisen. Der Faktor des Kommerzes ist dabei ein ganz wesentlicher. Es lässt sich nämlich viel Geld damit verdienen, abenteuerliche Thesen aufzustellen, Menschen in Verruf zu bringen oder sich selbst bzw. anderen Menschen zur Macht zu verhelfen. Ganz am Ende sieht man sich immer einer einzigen Frage gegenüber gestellt:

Wem nützt was?

Wer heutzutage auf den unter Kapitel 2 erörterten Gebieten forschen will, braucht unbedingt zwei Dinge: erstens Geld, meistens sogar viel Geld und zweitens eine Genehmigung. Die Genehmigung bezieht sich in der Regel darauf, in ein entsprechendes Land einreisen zu dürfen und im schlimmsten Falle auch noch darauf, in ein naturwissenschaftlich geschütztes oder noch ärgerlicher, in ein militärisch gesperrtes Gebiet vordringen zu wollen – für einen „Normalsterblichen" ein schier hoffnungsloses Unterfangen. Nicht selten befinden sich die Landschaften in Gebieten, die unter den Einzugsbereich einer der drei monotheistischen Religionen fallen, was die Angelegenheit nicht einfacher macht.

Keine Verschwörungstheorie ist ohne die Frage „*Wem nützt was?*" zu betrachten und ganz am Ende landen die Verschwörungstheoretiker doch immer wieder bei einer einzigen allumfassenden „Welt-Verschwörung". Egal, ob es sich um den Ufo-Absturz in Roswell, New Mexico von 1947 oder das Majestic 12 Projekt handelt, ob es sich um den Aufstieg und Fall der Tempelritter oder die Freimaurerischen Ursprünge bei der Gründung der Vereinigten Staaten von Amerika handelt, ob es sich um die Mondlandung von 1969 oder die Anschläge auf das World Trade Center aus dem Jahr 2001 handelt, ja selbst bei der Frage über die Entstehung des Menschen und die Wahrheit über die Erbauung der Pyramiden von Gizeh stellt sich die Frage: Werden den Suchenden wichtige Informationen vorenthalten oder bewusst Informationen gestreut und an Hochschulen und Universitäten bestimmte Forschungsprojekte gefördert oder gar andere manipuliert? Und steht dahinter ein „grauer Orden allmächtiger Weltherrscher"?

Diese Fragen werden wohl unbeantwortet und die in diesem Zusammenhang entwickelten Theorien wohl unbewiesen bleiben. Und da der Beweis fehlt, gilt in dieser Frage wohl der alte Rechtsgrundsatz „in dubio pro reo"[144]. Aber so furchtbar uns die vernetzte, globalisierte Welt auch bisweilen vorkommen mag, so segensreich ist die Fülle an Informationen, die sie mit sich bringt. Allerdings besteht die Kunst heutzutage darin, Information von Desinformation zu trennen. Wer sich indes nicht nur durch „Social Media" oder „Blogs" durchklicken will, findet heute im world wide web (bzw. Internet) alles, was das „Herz eines wissenshungrigen Geistes" begehrt. Fast ist man geneigt zu behaupten, das Internet sei zu einer Art Nachfolger der antiken Bibliothek von Alexandria geworden. Nur fehlt hier der Bibliothekar. Und so bleibt den Verschwörungstheoretikern und ihren Anhängern nur übrig, dieses Medium zu nutzen und auf eine breite Leserschaft zu hoffen. Und für die Forschenden und Suchenden gilt es, diese Landschaft zu nutzen. Dies ist zwar anstrengend und mühsam, führt jedoch am Ende zu einem echten Erfolg. Wer sich offen und vorbehaltlos den herausragenden Fragen unserer Zeit stellt und sich die sowohl im Vordergrund als auch im Hintergrund agierenden Personen auf der Weltbühne und insbesondere ihre Verbindungen unter- und zueinander betrachtet, wird die notwendigen und am Ende richtigen Schlüsse ziehen. Es ist alle Mühen wert.

Wahrscheinlich gilt, was neben vielen Anderen wieder einmal Manfred Kleine-Hartlage in seiner sehr lesenswerten kleinen Schrift „Neue Weltordnung"[145] aus dem Jahr 2011 vermutet: Die führenden Hochschulen, Institute und wissenschaftlichen Gremien besetzen mit promovierten sowie habilitierten

---

[144] Im Zweifel für den Angeklagten (womit hier dann die der Weltverschwörung bezichtigten Politiker, Unternehmer, Institutsleiter, Presse- und Medienmacher, Ägyptologen etc. gemeint sind).
[145] Manfred Kleine-Hartlage, Neue Weltordnung, Schnellroda 2011

Studenten und neuerdings bevorzugt Studentinnen[146] ihre Lehrstühle und Leiterinnensessel. Dabei wird jeder Vorgänger das Interesse haben, seine eigene Lehre und die von ihm entwickelten Thesen und Theorien ungefährdet fortgeführt zu sehen – eine sich wenig befruchtende, fast inzestuöse Wissenschaft.

Wichtiger denn je für die Mächtigen und Herrschenden ist die Nutzung der Massen-Medien zur Verbreitung „ihrer Informationen". Dem aufmerksamen Beobachter wird schnell auffallen, wann ein Sachverhalt kurz und prägnant, also einfach „ungeschminkt" übermittelt wird und wann eine Information zum Kommentar abgleitet. Schließlich wird der Nutzer von Radio, Fernsehen (egal, ob wie oben kurz ausgeführt öffentlich-rechtlich oder privat) und der handelsüblichen Printmedien schnell feststellen, dass er nur Informationen erhält, die er erhalten soll. Berichte, die eine allgemeine Unruhe in die Gesellschaft bringen könnten, gilt es zu vermeiden. Und wenn es sich mal nicht vermeiden lässt, müssen die Autoren und Themen verunglimpft oder im schlimmsten Fall ausgeschaltet werden.[147] Da sich dies im Internet zunehmend schwierig gestaltet, haben natürlich die Mächtigen ein großes Interesse an der Kontrolle des webs und arbeiten fieberhaft daran, die Freiheit im Internet einzuschränken.

Eine andere Möglichkeit ist die Verbreitung positiver Einstellungen zum Durchsetzen eines Verfahrens bzw. Verhaltens. Entlarvend war in diesem Zusammenhang ein Satz von Dr. Angela Merkel, in dem sie sinngemäß äußerte, *man müsse (nur) an den EURO glauben, dann würde sich die Gesamtsituation rasch verbessern.* Stimmt im Endeffekt sogar, denn wenn ALLE daran GLAUBEN und so weitermachen wie bisher, treten sowohl aufgrund kollektiver Bewusstseinskraft wie wiederkehrender Verhaltensmuster (also Konsum, Warentransfer, Investition in die Währung) keine währungsschwächenden Mechanismen in Kraft. Auch dann nicht, wenn eine Währung längst im Keller ist, wie beispielsweise der US-Dollar. Aber das soll nicht Gegenstand dieser Abhandlung sein.

Zurück zum Ursprung: ob Bermuda- oder Drachendreieck, ob Yonaguni- oder Gizehkomplex, die Welt ist voller vormenschlicher Spuren, die sie in einem anderen, als dem uns von der herrschenden Lehre verbreiteten Licht erscheinen lassen. Was man den Ufologen und Anhängern extraterrestrischer Schöpfungsmythen allerdings zwangsläufig vorhalten muss, ist eben der fehlende Beweis. Bisher sind noch keine Aliens in Moskau, Washington,

---

[146] Es würde mich sehr reizen, an dieser Stelle etwas zur „Gender-Debatte" und zur angeblichen Diskriminierung von Frauen in Führungspositionen loszuwerden. Stattdessen bitte ich den kritischen Betrachter nur einmal mehr seinen Blick auf die in den öffentlich-rechtlichen Medien vertretenen „Damen der Schöpfung" zu werfen: Marietta Slomka, Karen Mioska, Maybrit Illner, Anne Will, Bettina Schausten, Petra Gerster u.s.w.

[147] In diesem Zusammenhang ist ein Artikel über die „unglaubliche 15 Billionen-Dollar-Verschwörung" in Großbritannien von Günther Lachmann interessant, der kurze Zeit nach seiner Veröffentlichung auf der Homepage von Welt-online schnell im Archiv verschwand – glücklicherweise aber immer noch im web zu finden ist; vgl. http://www.welt.de/politik/ausland/article13885678/ Die-unglaubliche-15-Billionen-Dollar-Verschwoerung.html

London oder Berlin gelandet und haben den führenden Nachrichtensendern ein Interview vor laufender Kamera gegeben. Und auch die Anhänger des Ufo-Absturzes von Roswell halten nicht ein Beweisstück in den Händen. Zum Trost sei ihnen jedoch gesagt, dass dies auch nie der Fall sein würde. Denn so wie Christoph Kolumbus das Gespräch mit den Häuptlingen und nicht den einfachen Fischern und Bauern in der „neuen Welt" suchte, so würden auch die außerirdischen Besucher zunächst das Gespräch mit den Herrschenden dieser Welt hinter verschlossenen Türen führen und sich der Öffentlichkeit verschließen. Und welcher König oder Präsident kann ein Interesse daran haben zu erfahren und zu verkünden, dass er und wir alle nur ein zurückgelassenes genmanipuliertes Experiment einer allmächtigen Rasse sind, welche ihn seiner Macht in wenigen Augenblicken berauben könnte?

Weit über 50 % der US-Amerikaner und West-Europäer sind heutzutage davon überzeugt, dass die Angriffe des 11. September 2001 nicht durch Al Kaida-Kämpfer verübt wurden und das World Trade Center nicht infolge der Flugzeugeinschläge in sich zusammenstürzte. So zahlreich die Indizien für die eine oder andere Verschwörung aber auch sein mögen, verspricht es doch keinen besonderen Erkenntnisfortschritt, sich mit diesen Fragen intensiver auseinanderzusetzen. Es bringt uns aber unweigerlich zum nächsten Kapitel und der Frage, was man denn selbst anstellen würde, mit außergewöhnlichem Wissen oder besonderen Fähigkeiten und einem gigantischen Potential an Macht.

> *„Was hülfe es dem Menschen, wenn er die ganze Welt gewönne*
> *und nähme doch Schaden an seiner Seele."*
> *Evangelium nach Matthäus 16, 26*

Was hülfe es dem Menschen, wenn er...

Stellen Sie sich einmal vor, Sie könnten tatsächlich durch die Kraft Ihrer Gedanken die Materie, also atomarmolekulare Strukturen und damit auch Ihre eigenen Gene und die anderer beeinflussen. Sie selbst wären also ein Schöpfer, um nicht zu sagen ein Gott. Was würden sie anstellen mit ihrer Macht? Überlegen Sie sich die Antwort gut, immerhin sind Sie gerade der Schöpfer einer neuen Welt: Ihrer Welt.

Ich vermute einmal, Sie würden sich zunächst Ihrer Krankheiten entledigen. Sie würden sich von der störenden Akne befreien oder Ihr Rheuma bzw. die Diabetes und die Herz-Kreislaufprobleme beseitigen. Höchstwahrscheinlich würden Sie dies tun, ohne sich intensiver mit den Ursachen dieser Erkrankungen auseinandergesetzt zu haben – wahrscheinlich sogar, weil Ihnen ein kluger Arzt gesagt hat, das sie aufgrund genetischer Veranlagung oder der gesellschaftlichen Rahmenbedingungen, beinhaltend die Ernährung, mangelnde Bewegung oder Stress, aufgetreten sind. Nachdem Sie nun gesundet sind, würden Sie sich vermutlich um das leibliche Wohl kümmern, das selbstverständlich mit den entsprechenden materiellen, also auch finanziellen

Verbesserungen verbunden ist. Schließlich würden Sie die Ihnen am Herzen liegenden Menschen heilen und aus ihrer sozialen und finanziellen Not befreien. Ihre Kinder, Eltern, Vettern und Freunde würden in den Genuss Ihrer besonderen Fähigkeiten kommen.

Und indem Sie dies alles täten, würden Sie diese Menschen ihres eigenen, ganz persönlichen Erkenntnisprozesses berauben. Ich vermute auch, dass Sie das Geheimnis dieser schöpferischen Macht für sich behalten würden, denn wie viel ist es noch wert, wenn auch jeder andere Mensch dazu in der Lage wäre. Eltern neigen dazu, ihren Kindern schmerzliche Erfahrungen vorzuenthalten. „Fass nicht auf die Herdplatte, sie ist heiß!" ist ein häufig gut gemeinter Rat. Aber solange, das Kind die Herdplatte nicht berührt hat, ist es verpflichtet daran zu glauben, denn woher soll es wissen, dass die Herdplatte wirklich heiß ist und man sich daran die Finger verbrennen kann. Jeder Erkenntnisprozess ist ein persönlicher Vorgang und so, wie sich im Laufe der Pubertät Persönlichkeit entwickelt (oder auch nicht), so wächst in der Regel auch die Erkenntnis.

„Aus Schaden wird man klug" oder „diesen Fehler macht man nur einmal" sind nur zwei bekannte Lehrsätze auf dem Weg des Erwachsen-Werdens. Und so sollte eine gute Erziehung immer darauf bauen, Heranwachsenden eigene Erfahrungen auf dem Weg zur Erkenntnis zuteilwerden zu lassen. Dabei gilt es natürlich die richtigen Prioritäten zu setzen. Es ist das Eine, sich irgendwann einmal die Finger an der heißen Herdplatte verbrannt zu haben, aber natürlich etwas völlig anderes ohne nach links und rechts geschaut zu haben, über eine stark befahrene Straße zu rennen. Erfahrung hat eben auch immer etwas mit Gefahr zu tun.

Apropos Gefahr. Gefahr geht sowohl von den Menschen aus, die einem das Himmelreich auf Erden versprechen, als auch von jenen, die einem zusichern in das Himmelreich zu gelangen, wenn ein bestimmtes Verhalten an den Tag gelegt wird, was sich nicht ausschließlich aber häufig durch finanzielle Zuwendungen bemerkbar macht. In der Zeit des Mittelalters konnte man sich bekanntermaßen durch den käuflichen Erwerb eines Ablassbriefes einen Platz im Paradies sichern. So einfach war das mal.

Der unter dem Pseudonym Jan van Helsing schreibende „Verschwörungstheoretiker" Jan Udo Holey (* 1967) erwähnt in einigen seiner Arbeiten, dass es nicht nur positive Effekte haben würde, wenn große Teile der über den Globus verteilten Gesellschaften sich eines Verhaltenswandels unterzögen und ihren Lebensstil radikal veränderten. Man stelle sich nur vor, wir würden morgen alle Vegetarier. Oder die Menschen würden von jetzt auf gleich alle das Autofahren einstellen und nur noch zu Fuß gehen oder mit dem Fahrrad fahren. Die wirtschaftlichen Folgen hätten sicherlich katastrophale Ausmaße und würden weltweit zu einem totalen Zusammenbruch von Handelsbeziehungen und gesamtstaatlicher Infrastruktur führen. Es ist also nicht so einfach den eingeschlagenen Weg einer Herde rasch im 90 oder gar 180 Grad-Winkel zu verändern.

Viele Menschen wollen heutzutage eine bessere Welt erschaffen. Die Welt von heute ist aber genauso gut oder schlecht, wie es die Welt vor 10 Tausend Jahren war, als die Menschen zur Kultur fanden. Wenn wir uns dem Jesus Christus zugesprochenen Satz aus dem Eingangskapitel zuwenden, geht es um die grundlegende Frage, auf die jeder Mensch – zunächst einmal für sich – eine Antwort finden muss. Was hilft es mir, wenn ich die Welt rette? Eine Frage, die sich die sogenannten „Gutmenschen" öfter mal stellen sollten. Die sofortige Reduktion des CO_2-Ausstosses, die Beseitigung der (Kinder-)Armut, die Abschaffung aller(!) Kunststoffverpackungen und natürlich die Herbei-führung des Weltfriedens (als ob es den je gegeben hätte) würden die Welt nicht besser machen. Aber es würde das eigene Gewissen beruhigen. Und darin liegt die wesentliche Botschaft. Bevor du die Welt rettest, rette dich selbst. Oder auch anders formuliert: Bevor du den Splitter aus dem Auge deines Bruders ziehst, ziehe zuerst den Balken aus dem eigenen Auge.

Diese Frage stellt sich aber auch für die Mächtigen der Welt. Was hilft es dem Herrscher der Welt, Herrscher über die Welt zu sein, wenn er das eigene Leid und das der Menschheit nicht verhindern kann? Da der Mensch auf einer Zeit-achse lebt, wird er sich irgendwann bewusst, dass seine Lebenszeit begrenzt ist – zumindest für die Dauer der jeweiligen Inkarnation in die grobstoffliche Welt hinein. Und diese Erkenntnis konfrontiert ihn mit der Sinnfrage des Lebens. Dabei sind diejenigen Menschen, die ihrem Leben selbst nicht den *letzten* Sinn geben müssen, häufig gelassener sowohl im Umgang mit der be-grenzten Zeit als auch im Umgang mit ihren Nächsten und irdischen Besitz-tümern. Diese Sinnfrage zu beantworten, heißt aber wenigstens auch, sich mit dem Prinzip der Verantwortung auseinander zusetzen. Ab welchem Zeit-punkt man bereit ist Verantwortung für das eigene Leben zu übernehmen beziehungsweise Verantwortung auch anderen zu überlassen, beeinflusst direkt den subjektiven wie kollektiven Erkenntnisprozess.

Wenn wir uns also mit der Frage der Erkenntnis beschäftigen und dabei zu dem Schluss kommen, dass Macht, Gewalt, Moral etc. erkenntnisimmanente Begleiter sind, kommen wir zu dem folgerichtigen Schluss, dass über allem Erkenntnisstreben letztendlich das Prinzip der Verantwortung sowie der uneingeschränkte Wille zur Übernahme und Abgabe derselben steht. Und wenn wir in der Folge zum Einleitungssatz dieses Kapitels zurückkehren, stellt sich die Frage, was es dem Menschen nützt, die ganze Welt zu gewinnen und darüber seine eigene Bestimmung und somit Verantwortung zu verlieren. Alle Naturwissenschaftsgattungen, die Tag für Tag neue mechanistische Erkenntnisse hervorzuzaubern, werden die von jedem Menschen selbst zu beantwortende Frage, was seine Bestimmung ist, nicht beantworten können. Diese Antwort kann nur selbst gegeben werden, so wie der Zugang zu Gott oder in das Transzendentale hinein ein ganz persönlicher ist. Und er führt ausschließlich über das Prinzip der Verantwortung. Dabei gibt es wesentliche Unterschiede zwischen jenen, die ein nicht unerhebliches Potential an Macht haben und denen, die über wenig bis keine Macht verfügen.

Kapitel 5
Das Prinzip Verantwortung

Aide-toi et le ciel t'aidera
oder: Hilf dir selbst, so hilft dir Gott
Wahlspruch der gleichnamigen Gesellschaft des
gesetzlichen Widerstands gegen Karl X. von 1824

Hilf Dir selbst, dann hilft Dir...?

„Hilf dir selbst, so hilft dir Gott" lautete frei übersetzt der alte Wahlspruch der Widerstandsbewegung gegen Karl X. von Frankreich. Abwandlungen dieses Spruches sind heute in vielfältiger Form nachlesbar. Negativ ausgedrückt würde man auch sagen: verlass dich auf andere und du bist verlassen. Das darf in der Umkehrung aber nicht heißen, dass man alleine und ohne Freunde durch das Leben gehen sollte. Der Mensch ist nun mal ein „Gesellschaftstier" und nicht als Einzelgänger geboren, auch wenn es immer wieder Einzelgänger unter uns gibt. Ebenso wenig soll der „Wahlspruch" eine Aufforderung dazu sein, alles selbst tun zu wollen. Manchmal ist es besser Arbeiten zu delegieren und von anderen durchführen zu lassen; Management *by delegation* eben.

Hinter dem Spruch verbirgt sich allerdings der tiefe Glaube an die eigenen Fähigkeiten sowie der absolute Wille zur Übernahme von Verantwortung – und zwar der Verantwortung für sich selbst. Übernimm Verantwortung für Dein Handeln, aber und vor allem trage dann auch diese Verantwortung. So leicht oder so schwer sie auch sein mag, tragen muss sie ein jeder für sich ganz allein.

Verantwortung muss man aber nicht nur übernehmen, man muss sie auch bekommen. In den aufgeblähten Sozialstaaten der westlichen Welt wird den Bürgern diese Verantwortung schleichend entzogen. Der multitalentierte Soziologe und Philosoph Paul Watzlawick (1921 – 2007) trifft in seiner kleinen, aber bemerkenswerten „Anleitung zum Unglücklichsein" folgende Feststellung: „Wie die Zoodirektoren im kleinen, so haben es sich die Sozialstaaten im großen Maßstabe zur Aufgabe gemacht, das Leben des Staatsbürgers von der Wiege bis zur Bahre sicher und glücktriefend zu gestalten. Dies ist aber nur dadurch möglich, dass der Staatsbürger systematisch zur gesellschaftlichen Inkompetenz erzogen wird. In der gesamten westlichen Welt steigen daher die Staatsausgaben für das Gesundheits- und Sozialwesen von Jahr zu Jahr immer steiler an. [...] Der Sozialstaat braucht die stetig *zunehmende* Hilflosigkeit und Unglücklichkeit seiner Bevölkerung so dringend, dass diese Aufgabe nicht den wohlgemeinten, aber dilettantischen Versuchen des einzelnen Staatsbürgers überlassen bleiben kann."[148] Das Sozialrecht der Bundesrepublik Deutschland umfasst alleine zwölf Gesetzbücher mit vielen Tausend

---

[148] Paul Watzlawick, Anleitung zum Unglücklichsein, 15. Aufl., München 1996 (Originalausgabe 1983), S. 13/14

Paragraphen und ist neben dem Steuerrecht eines der undurchsichtigsten Rechtsgebiete. Die Sozialetats der westlichen Staaten machen bis zu 40 Prozent des Gesamtbudgets eines Staatshaushalts aus. Nur die wenigsten Menschen leben deshalb aber gesünder, sicherer und schon gar nicht glücklicher. Eine ähnliche Kritik an der „Sozialindustrie" äußert der profilierte Sozialexperte Jürgen Borchert (* 1949) indem er schreibt: „Wir brauchen Regierungen, die ihren Amtseid ernst nehmen, weil sie das Volk ernst nehmen, weil sie es nicht mehr an der Nase herumführen und mit Hütchenspielen übers Ohr hauen können. [...] Das Staatsschiff, mit dem wir den Orkanen des Jahrhunderts wohl oder übel trotzen müssen, ist nicht nur falsch beladen, sondern auch durch und durch morsch."[149]

Was lehrt uns diese Schieflage? Sie lehrt uns zunächst einmal, dass die Mächtigen nicht bereit sind, Verantwortung auf die vermeintlich Ohnmächtigen zu übertragen und dass in der Folge die Ohnmächtigen nicht willens sind, Verantwortung zu übernehmen. Dieser unverhältnismäßige Umgang mit Verantwortung aber führt zwangsläufig zu einem stetig wachsenden Potential an Frustration und Demotivation auf beiden Seiten.

Der Philosoph und Wirtschaftspsychologe Reinhard K. Sprenger (* 1953) vertritt mit einigen Manager-Trainer-Kollegen, die Auffassung, dass Mitarbeiter eines Unternehmens nicht über sogenannte Bonus-Zuwendungen wie Gehaltserhöhungen oder sonstige Vergünstigungen motiviert werden können. Eine mehr oder weniger dauerhafte Motivation erfolgt seiner Ansicht nach nur mittels Übertragung von Verantwortung, die zu einer Identifikation mit der zu erledigenden Arbeit und damit zur Identifikation mit dem Arbeitsplatz und dem gesamten Unternehmen an sich führt. Auch wenn es vielschichtige Seitenarme dieses Themenkomplexes gibt, ist die Grundannahme doch richtig. Denn motiviert ist nur, wer sich mit dem, was er ist und tut identifiziert und als seine persönliche Errungenschaft beziehungsweise Leistung empfindet. Motivation ist letztendlich nichts anderes als die Summe der Beweggründe, die einen Menschen Entscheidungen treffen lassen oder seine Handlungen beeinflussen. Und das ist schon eine ganze Menge, wenn ich mir Unternehmen betrachte, in denen auf den unterschiedlichsten Managementebenen überhaupt nicht oder nur sehr schleppend entschieden wird.

Da Menschen aufgrund ihrer Geburt, Herkunft und genetischen Eigenschaften nun einmal nicht über die gleichen Chancen verfügen, eine sogenannte Chancengleichheit[150] also nicht besteht, ist es selbstverständlich, dass es auch immer hierarchische Unterschiede mit jeweils unterschiedlichen Qualifikationen gibt. So kann ein hochqualifizierter Mitarbeiter unter einem weniger gut qualifiziertem Vorgesetzten arbeiten. Dies ist auch kein Problem, wenn gewisse Spielregeln eingehalten und der heutzutage leider nicht obligato-

---

[149] Jürgen Borchert, Sozialstaatsdämmerung, München 2013 (Einl.)
[150] Mit der Chancengleichheit verhält es sich ähnlich wie mit dem Weltfrieden. Jeder will sie haben und weiß doch tief in seinem Inneren genau, dass es sie nicht gibt und auch nicht geben kann.

rische wertschätzende Umgang miteinander gepflegt wird. Motivation entsteht aber auf beiden Seiten nur dann, wenn der Vorgesetzte seinen Mitarbeiter nicht als Konkurrenten begreift, sondern als gut qualifizierten „Teamplayer", der seinem Vorgesetzten wiederum im Gegenzug seine Loyalität zusichert. Es sind vermeintlich einfache Regeln, die im täglichen Miteinander bewusst oder unbewusst nicht beachtet werden und zu tiefgreifenden Konflikten sowie Frustration, Demotivation und sogar schweren Erkrankungen führen. Die Verantwortung einer sich in den oberen Etagen bewegenden und gerne unter sich bleibenden Managerkaste reicht darüber hinaus nur bis zum Ende der eigenen Amtszeit. Visionen und mit ihnen einhergehende risikobereite Investitionen, die Unternehmen längerfristig auf den immer schwieriger und konkurrenzreicher werdenden Märkten bestehen oder gar wachsen lassen, werden nur noch dann getätigt, wenn das persönliche Haftungsrisiko ausgeschlossen ist. Und so registrieren wir auf der einen Seite eine zunehmend abenteuerliche Entwicklung von immer reicher werdenden Vorstandsmitgliedern, die den Satz „Hilf dir selbst..." wohl falsch verstanden haben, und auf der anderen Seite immer schneller in die Pleite gehende, vormals florierende Unternehmen.

Was in Hinblick auf eine Haftungsverantwortung für Wirtschaftsunternehmen eigentlich egal welcher Größe gilt, trifft in einer ganz anderen Weise auf die Verantwortlichen der Staatensysteme zu. Die einmal an die Macht Gelangten, haben wenig Interesse daran, Verantwortung an das Volk abzugeben. Volksbegehren und -entscheide sind letztlich nur in Kreisen mit einer überschaubaren Bevölkerungszahl üblich, und auch dann nur bei verhältnismäßig harmlosen Themen, die keinen Einfluss auf die politische „Großwetterlage" haben. Bevorzugt entscheiden die Regierenden am Volk vorbei ohne aber die Haftung für Ihre Entscheidungen zu tragen, was sich heute insbesondere bei finanzpolitischen Themen wie der Euro-Rettung ausmachen lässt.

Schlimm ist in diesem Zusammenhang das Nörgeln und Jammern über die bisweilen ungerecht erscheinenden Situationen in Politik und Wirtschaft. Es könnte ja aus Sicht eines in einem der reichsten und noch friedlichen Länder der westlichen Welt Lebenden schlimmer kommen. Und leider kommt es nach einer solchen Vermutung meistens noch schlimmer. Aber das Jammern über die Jammernden ist bisweilen noch unerträglicher – insbesondere auch deshalb, weil die Jammernden und Nörgelnden in der Regel nichts zu einer Veränderung der Situation beitragen. Und so ist die fehlende Übernahme beziehungsweise Abgabe von Verantwortung ein Teufelskreis, der ganze Staaten und Gesellschaftssysteme an den Rand des Untergangs führt.

Wer hingegen wirklich bereit ist, Verantwortung zunächst für sich und dann auch für andere zu übernehmen, dem hilft das Visualisieren und Affirmieren[151]. So mancher Hochleistungssportler führt uns bisweilen sehr praktisch vor

---

[151] Hierzu siehe insbesondere Shakti Gawain, Stell dir vor (Kreativ visualisieren), Reinbek 1986 (Originalausgabe 1978)

Augen, wie es zu erklären ist, dass ein weniger gut trainierter und körperlich schwächerer Wettbewerber gegen den Favoriten gewinnt. Die psychologische Grundeinstellung und der mentale Gesamtzustand spielen die maßgebende Rolle. Sogenannte „Mental-Trainer" helfen auf der Grundlage teils uralter, aber heute „neu aufgewärmter" Riten, ihren Schützlingen einen unerschütterlichen Glauben an die eigenen Fähigkeiten und Kräfte zu entwickeln sowie zielführend abzurufen.

Auch das *ritualisierte* Wünschen kann *Wunder* bewirken. Bärbel Mohr (1964 – 2010) gibt in ihrem Bestseller „Bestellungen beim Universum"[152] hierzu einige gute Ratschläge. Doch jedem *Wünscher* sei der alte Satz ans Herz gelegt: „Hüte dich vor deinen Wünschen – sie könnten in Erfüllung gehen."

> *„Liebt einander, so wie ich euch liebe."*
> *Evangelium nach Johannes 15, 12*

Vom Ego-Prinzip zum Wir-Prinzip

„Das Prinzip Verantwortung"[153] nannte Hans Jonas (1903 – 1993) sein 1979 erschienenes Werk, welches er unter anderem in Anspielung auf Ernst Blochs (1885 – 1977) Abhandlungen unter dem Titel „Das Prinzip Hoffnung"[154] verfasst hatte. Beeinflusst durch die Befürchtung, dass eine hoch technisierte Zivilisation durch einen drohenden und alles vernichtenden Atomkrieg untergehen könnte, entwickelte Jonas seine Vorstellungen einer Anerkennung der Eigenrechte der Natur, für die dem Menschen aufgrund seiner Handlungsmöglichkeiten eine besondere Verantwortung zukommt.

Wie im Vorangegangen unter anderem gezeigt werden konnte, steht die Selbsthilfe oder meinetwegen auch Eigenrettung vor der Hilfe, die man seinem Nächsten zuteil werden lässt. Wer also zunächst an sich gedacht und für sich den rechten Weg bereitet hat, kann dann auch Verantwortung für andere übernehmen. Dabei muss dem Verantwortung für andere auf sich geladen Habenden allerdings klar sein, dass er vom Zeitpunkt der Übernahme an eine unbedingte Vorbildfunktion übernommen hat. Es wird auf ihn (herauf) geschaut. Die Kunst ist es ab diesem Zeitpunkt, nicht die Bodenhaftung zu verlieren und das „Wir" stets im Auge zu behalten. Unser genetischer Code, unsere Sozialisation sowie unsere Erziehung sind uns oft im Wege bei der Vereinigung mit diesem „Wir". Die Erkenntnis, dass es das Eine nicht ohne das Andere geben kann, schließt nicht zwangsläufig, aber doch sehr wahrscheinlich das Prinzip ein, dass das Eine das Andere bedingt. Und so sollte

---

[152] Bärbel Mohr, Bestellungen beim Universum (Ein Handbuch zur Wunscherfüllung), 22. Aufl., Aachen/Düsseldorf 2004

[153] Hans Jonas, Das Prinzip Verantwortung, Frankfurt am Main 1984

[154] veröffentlicht zwischen 1954 - 1959, aber schon wesentlich früher im amerikanischen Exil verfasst.

eine Identifikation mit dem Anderen, Über- oder Untergeordneten nie in Vergessenheit geraten und stets in selbstgesetzte Verhaltensmaximen integriert werden.

In dem wunderbaren Hollywoodstreifen von 1951 „Quo Vadis" wünscht sich Sir Peter Ustinov in der Rolle des Kaisers Nero, dass der Mob einen einzigen Hals hätte, um ihm diesen auf einmal durchschneiden zu können. Während der Chef seiner Leibgarde Tigellinus nur auf den Befehl zur Ausführung der Schlachtorgie wartet, hält ihm sein Kanzler Petronius entgegen, der „Künstler" Nero würde sich damit seines wichtigsten Schatzes berauben, nämlich seines Publikums. Und der hochbetagte erste Bundeskanzler der Bundesrepublik Deutschland Konrad Adenauer (1876 – 1967) soll zu seinen hitzköpfigen Jungpolitikern gesagt haben: *„Nehmen se de Menschen wie se sin – andere jibt es nich".*

Der zuvor bereits erwähnte Gottfried Wilhelm Leibniz war „ein entschiedener Vertreter des Gedankens der *,analogia entis'*, der durchgängigen Verwandtschaft alles Seienden in der Rückbeziehung auf den gemeinsamen Ursprung."[155] Das heißt, „dass an sich [...] Eine und Einzigartige wird in der bewussten Vorstellung des je Vorstellenden zu einem Einheitlichen in der Vorstellung."[156] Leibniz selbst äußerte sich in seiner Abhandlung „Über den ersten Ursprung der Dinge" so: „Außer der Welt oder der Ansammlung endlicher Dinge gibt es ein dominierendes Eines, nicht nur so wie die Seele in mir oder vielmehr wie das Ich in meinem Körper, sondern auch in einem viel höheren Sinne. Das Eine nämlich, welches das Universum beherrscht, regiert nicht bloß die Welt, sondern erbaut sie auch, macht sie und ist höher als die Welt, sozusagen etwas Außerweltliches; und deshalb ist es der letzte Grund der Dinge."[157]

Ich erwähnt kurz, dass der Mensch zu einem „bloßen in Ressourcen und Kontingenten denkenden Kollektivorgan"[158] mutiert ist. Der an sich richtige Ansatz auf die (Rück-)Besinnung eines alles umfassenden einheitlich, also durchaus auch kollektiv zu verstehenden, Einen ist ins Dämonische abgeglitten. In der Vielfältigkeit und Verschiedenheit, also Diversität, einen auch spirituell gewinnbringenden Vereinigungsfortschritt zu sehen, ja zu erleben, funktioniert in den in immer knapper werdenden Ressourcen denkenden Gesellschaften und in der auf materiellen Besitzstand ausgerichteten globalisierten Welt nicht. Die Fähigkeit und Bereitschaft im Anderen das Eigene zu erkennen, setzt dabei auch voraus, dass der Andere in seinem Gegenüber ebenfalls das Eigene zu erkennen bereit ist. Sieht er hingegen seine eigenen und die für seine Sippe lebensnotwendigen Ressourcen schwinden, greift er im übertragenen Sinne zum Schwert. Denn wenn der Hunger und die Not zu groß werden, kommt das Ego durch und lässt das Wir verschwinden. Unter

---

[155] Herbert Herring, Einleitung zu G. W. Leibniz' Fünf Schriften zur Logik und Metaphysik, Stuttgart 1966 (1995), S. 5
[156] Herbert Herring, a. a. O., S. 6
[157] Gottfried Wilhelm Leibniz, Über den ersten Ursprung der Dinge (Erstausgabe 1697) S. 1
[158] siehe oben, Kap. 2, S. 51

anderem aus diesem Grund kann es auch nur eine Hilfe zur Selbsthilfe geben und die Möglichkeiten, andere aus ihrer Not zu (er-)retten, sind verschwindend gering. Wenn also Menschen aus sehr ärmlichen Teilen der Welt in die vermeintlich reichen Teile Süd-, West-, Mitteleuropas und Nordamerikas strömen, heißt das nicht, dass mit deren Aufnahme die Probleme gelöst sind oder werden. Leider ist das Gegenteil der Fall. Die Vereinigung zu einem „allumfassenden Wir" fand schon bei der Völkerwanderung im 6. Jahrhundert nicht statt und wird daher auch im 21. Jahrhundert unter dem neumodischen Begriff Migration nicht friedlich stattfinden, sondern in kriegsähnlichen Konflikten münden. Allerdings eröffnet der Blick auf die Armut der Anderen zugleich einen Blick auf den eigenen zumeist überdurchschnittlichen Reichtum. In der westlichen Welt produzieren und erzeugen wir doch viel mehr, als wir tatsächlich verbrauchen und benötigen. Diese Überproduktion gewinnbringend zu teilen, könnte schon ein Schritt in eine mehr „Wir-bezogene" Welt sein.

In einem anderen us-amerikanischen Monumentalfilm aus dem Jahr 1959 mit dem Titel Ben Hur unterhalten sich der Protagonist und Scheich Ildirim über Rache und kommen auf die Güte ihres Gefährten Balthasar aus Alexandria zu sprechen. Scheich Ildirim sagt dabei zu Juda Ben Hur: „Balthasar ist ein guter Mensch. Aber so lange nicht alle Menschen so gut sind, müssen wir unsere Schwerter scharf halten." Den heutigen Pazifisten, die in durchaus beneidenswerter aber eben träumerischer Absicht einen immer und überall herrschenden Frieden herbeisehnen, kann man nur das Schicksal ihrer Vorbilder vor Augen führen. Jesus Christus starb (nach der reinen Lehre) am Kreuz und Mahatma Gandhi (1869 – 1948) fiel einem Attentat zum Opfer. Der Krieg wird ein Begleiter der Menschen bleiben. Nur in sehr kleinen Gesellschaften mit überschaubaren hierarchischen Strukturen gibt es Aussichten auf friedliche Zeiten. Im Zusammenrücken immer größer werdender und völlig heterogener beziehungsweise diversitärer Ballungsgebiete und weiter schwindender Ressourcen, droht uns eine Zukunft, welche die Hollywood-Branche nur in düstersten Computeranimationen in die Kinos bringen könnte. Wie schwer ist dabei Erkenntnis, wenn sie den Erkennenden keinen Gewinn oder keine Genugtuung bringt?

„Wahrlich, ich sage euch:
Es wird hier nicht ein Stein auf dem anderen
bleiben, der nicht zerbrochen werde."
Evangelium nach Matthäus 24, 2

Ein Blick ins Jetzt und ins Übermorgen

Wer einen Blick in die Zukunft wagen möchte, sollte sich zunächst einmal die Gegenwart betrachten. Der aufmerksame Leser wird festgestellt haben, dass der Blick ins Jetzt, in die Gegenwart also, selbstverständlich vom jeweiligen Betrachter abhängt. So ist der Blick, den ich auf die sich mir gegenwärtig darstellende Welt richte, nicht zwangsläufig jener, der sich einem meiner Leser bietet. Er ist eine subjektive Momentaufnahme, die wie alles (Heraklits These: „Alles fließt") einem fließenden Wandel unterzogen ist. Allerdings finden entsprechend dem Grundsatz „Gleiches zieht Gleiches an" immer wieder Gleichgesinnte zueinander und zu den sie beschäftigenden Themen, wodurch die Hoffnung besteht, dass meine Analyse der gegenwärtigen Geschehnisse auch den einen oder anderen Befürworter finden könnte. Schon jetzt bitte ich um Verzeihung für eine bisweilen fatalistisch-apokalyptische Sichtweise. Doch sie drängt sich mir einfach auf. Zunächst betrachten wir ein paar Rahmenbedingungen.

Zwei „Zahlen" schnellen in atemberaubend schwindelnde Höhen. Da ist zunächst die Weltbevölkerung, die rapide ansteigt. Allein in den letzten 20 Jahren ist die Bevölkerung Asiens um fast eine Milliarde Menschen gewachsen. Die meisten Menschen davon wurden in den Ballungsgebieten und hier wiederum in den Armenvierteln geboren. Alle Kontinente verzeichnen ein rasches Bevölkerungswachstum mit Ausnahme von Europa. Hier ist im gleichen Zeitraum die Bevölkerung um ca. 70 Millionen Menschen gesunken und da ist der Migrationsanteil mit eingerechnet. Der Anstieg an Menschen in Nordamerika ist auf die hohe Zuwanderung in die Vereinigten Staaten zurückzuführen. Das Bevölkerungswachstum in Süd- und Mittelamerika ist aufgrund der kleineren und im Vergleich zu Asien anders besiedelten Flächen nicht ganz so explosiv, unter Berücksichtigung der letzten Jahrhunderte aber ebenso sprunghaft angestiegen.

Die nachfolgenden Statistiken zeigen, wie zu Beginn des 19. Jahrhunderts und der Verbesserung der hygienischen Bedingungen sowie des medizinischen Fortschritts (insbesondere durch die Erfindung des Antibiotikums) die Erdbevölkerung geradezu explodiert ist.

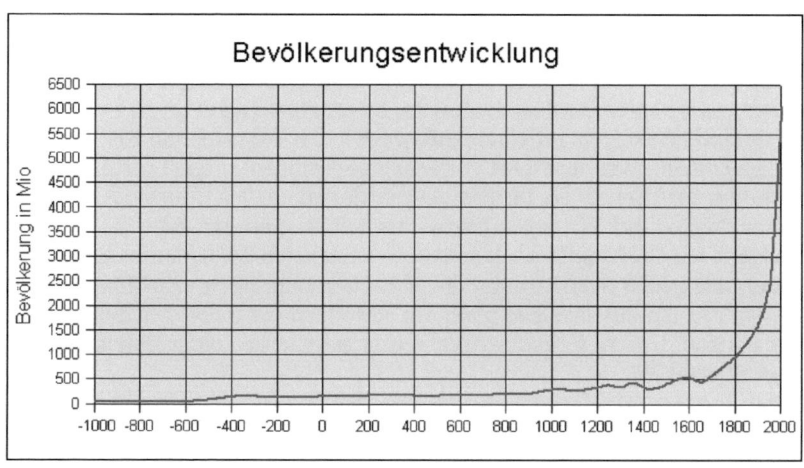

Quelle: Wikipedia

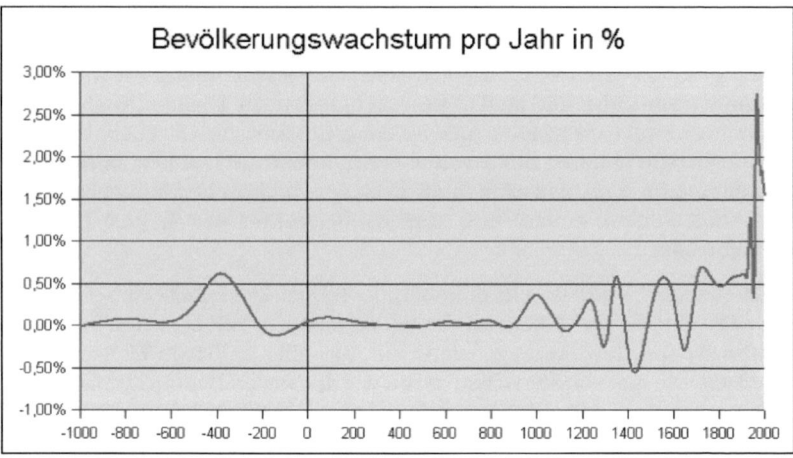

Quelle: Wikipedia

Überbevölkerung ist unter Berücksichtigung der Endlichkeit unserer materiellen, irdischen Ressourcen eines der Schlagwörter des frühen 21. Jahrhunderts. Die menschenverachtenden zwei Weltkriege, Massenepidemien wie die spanische Grippe von 1918 und große ethnische und politische Säuberungsaktionen wie unter Mao, Stalin, Hitler und Pol Pot im Verlauf des 20. Jahrhunderts, welche insgesamt viele Hundert Millionen Menschen das Leben kostete, konnten die Bevölkerungsexplosion nicht stoppen. Die Bevölkerung wächst rasant weiter, wie ein sich bösartig ausbreitendes Krebsgeschwür oder ein pandemischer Virus.

Den zweiten beängstigenden Anstieg stellen die Staatsverschuldungen der großen Industrienationen dar. Die „Schuldenuhren" drehen sich seit Richard Nixons (1913 – 1994) verheerender Entscheidung aus dem Jahr 1971, die Währung vom Goldstandard abzukoppeln, atemberaubend schnell. Der Traum eines stetig ansteigenden Wirtschaftswachstums lässt sich mit Blick auf die Geschichte der Welt und ihrer Wirtschaftsmetropolen schnell als Traum und nichts anderes entlarven. Die Sozial-Etats der nationalen Haushalte mit ihren Gesundheits- und Versorgungsanwartschaften sprengen Jahr für Jahr die Budgets. Die Gelddruckmaschinen einfach nur schneller laufen zu lassen und zunehmend mehr Scheine unter die Menschen zu bringen, erhöht bekanntermaßen nur die Inflation und nicht die Vermögen der einzelnen Bürger oder der Staaten. Und es führt natürlich schon gar nicht zu einer Entlastung der Staatshaushalte.

Einhergehend mit dem Traum eines kontinuierlichen Wachstums der Wirtschaft geht die Hoffnung auf zunehmende Arbeitsplätze und damit die Illusion, eine annähernde Vollbeschäftigung der arbeitsfähigen Bevölkerung zu erzielen. Im Produktionssektor scheinen die Wachstumsraten, welche neue

Jobs mit sich bringen sollen, jedoch an ihre Grenzen zu stoßen. Der gesamte produzierende Sektor besteht zunehmend aus Hochleistungsmaschinen und die entsprechenden Prozesse begleitenden Super-Computern. Hier werden allenfalls noch gut ausgebildete Ingenieure, Techniker und Informatiker benötigt. Im sogenannten dienstleistenden Gewerbe ersetzen Firmen sowohl größerer wie mittelständischer Herkunft ihre Arbeiter und Angestellten ebenfalls, wo sie nur können, gegen elektronische bzw. technische Hilfen, die günstiger, langlebiger und in den meisten Fällen weniger anfällig sind. Ich erwähnte es bereits.

Trotz dieser Entwicklung gibt es immer wieder Branchen, die wachsen. Zu ihnen zählt der sogenannte „Finanzdienstleistungssektor" oder auch weniger verklausuliert ausgedrückt: die Banken. Hunderttausende von Menschen arbeiten mit dem Geld anderer Menschen auf den internationalen Finanzbühnen, die vor einem riesigen Abgrund zu stehen scheinen. So hoch wie die einzelnen Finanzblasen (Immobilien-, Derivat-, Aktien- und Devisengeschäft etc.) in die Höhe gestiegen sind, so tief können sie morgen herunterfallen. Ein gefährlicher Sektor also, dem man nicht unbedingt weiteres Wachstum wünschen möchte, vor dem Hintergrund einer eventuell schon sehr bald auf ihn zukommenden Entlassungswelle. Bleiben die Gastronomie und die Pharmaindustrie als verheißungsvolle Wachstumsaspiranten. Allerdings wird nur so lange gut gespeist und getrunken, wie sich eine Wohlstandsgesellschaft dies leisten kann. Vorsicht sei den Gastronomen und Hoteliers, die ohnehin schon stark von Messe und Urlaubszeit abhängig sind, empfohlen. Sie sollten lieber Rücklagen für eine „saure Gurkenzeit" bilden. Die Pharmaindustrie wiederum hängt am Tropf der kassenärztlich organisierten Sozialstaaten. Geht es dem Staat und seinen Krankenkassen schlecht, ist es in der Regel auch schnell vorbei mit der Herstellung mehr oder weniger teurer „Wohlfühltabletten". Über die sich starken Schwankungen ausgesetzt sehenden Wachstumsprognosen der Luftfahrt- und Automobilindustrie möchte ich an dieser Stelle erst gar nicht spekulieren. Und so scheinen wir zu Beginn des 21. Jahrhunderts am Ende des Wachstums angelangt zu sein. Für immer mehr Menschen gibt es immer weniger Arbeit. Immer enger zusammenwachsende Regionen und ihre Bürger schreien nach immer mehr Ruhe, Geborgenheit und nachbarschaftlichem Frieden. Das *„traumhafte Gespenst des wirtschaftlichen Wachstums"* gilt es zu enttarnen. Denn Wachstum ohne Menschen, die es (er-)tragen, ist nun einmal ein Gespenst.

Unberücksichtigt dabei bleiben von mir die negativen Auswirkungen auf die Umwelt, die das Wachstum und die Massenproduktion mit sich bringen. Nur ganz am Rande sei hier die Vermüllung der Weltmeere durch Kunststoffe und abgelassene Chemikalien erwähnt und auf die gnadenlose Überfischung hingewiesen. Hinzu kommen Luftverschmutzungen, die zu extremen Smog-Situationen in den Ballungsgebieten wie beispielsweise in Peking führen. Auch die Manipulation der Nahrung durch genveränderte Pflanzen oder mit Wachstumspräparaten, Hormonen und Antibiotika gefütterten Tieren, deren Verzehr tagtäglich in Massen stattfindet, werden von mir hier ebenso wenig vertieft, wie die stetig zunehmende Überdüngung der Böden und grenzenlose Rodung uriger Wälder zur Nutzung von Ackerbau und Viehzucht einer, wie schon gesagt, explodierenden Weltbevölkerung. Dies alles sehen, hören, riechen, fühlen und schmecken wir Tag für Tag. Da aber ein Großteil der Bevölkerung – übrigens nicht nur in der westlichen Welt – zunehmend wohlgenährter, vermeintlich gesünder und vor allem aber immer älter wird, leben wir in einem *„so-weiter-wie-bisher"*. In den Industrienationen amüsieren wir uns in „orgiastischer Fettheit" zu Tode, und sind dabei nicht einmal glücklicher.

Schauen wir nun aber in die Kristallkugel und starten zunächst mit einem unscheinbaren, wenn auch smoggetrübten Sonnenaufgang im Osten der Welt: Neun Uhr. Die Tokyoter Börse in Japan öffnet. Schon zu Beginn reagieren die Händler nervös. Nachrichten des Vortages über die angespannte Situation der amerikanischen Wirtschaft und den kurz vor der Zahlungsunfähigkeit stehenden zwei Großunternehmen mit renommierten Namen, die hier unerwähnt bleiben, verunsichern die Anleger und führen schnell zu sogenannten Panikverkäufen, die selbstredend Auswirkungen auf den Dollar, die US-amerikanische Leitwährung, haben. Mit dem Lauf der Sonne von Ost nach West verschlimmert sich die Lage drastisch. Die großen Börsen in Frankfurt und London reagieren sofort mit dramatischen Kursverlusten. Die „Börsianer" sind der ungewohnten Hektik, die schon vor Jahren dem eingeschlagenen Kurs eines „Laissez-faire" auf dem Parkett gewichen ist, nicht mehr gewachsen. Mit Öffnung des Handels an der Wall Street ist das Unvermeidliche nicht mehr aufzuhalten: Schon am Mittag erklären die Vorstände der zuvor nicht genannten Unternehmen, bereits am kommenden Morgen die längst überfälligen Insolvenzanträge zu stellen. Schnell kristallisiert sich heraus, dass wenigstens einer der beiden Vorstandsvorsitzenden sich nicht nur wegen sogenannter Konkursverschleppung, sondern auch wegen Betruges und eventueller Urkundenfälschung einem Strafverfahren ausgesetzt sehen wird. Der Druck auf ihm ist zu groß. In der darauffolgenden Nacht tötet er sich, seine Frau und seine jüngste Tochter. Der tragische Tod ändert nichts an der Gesamtsituation. Eilig telefonieren sich die Staats- und Regierungschefs der großen Industrienationen zusammen, zu denen sich jetzt natürlich auch China zählt. Stützungskäufe, Umschuldungen und gewaltige Bürgschaftspakete sollen über die schlechte Wirtschaftssituation mit den überschweren Schuldenpaketen der Staaten und Großunternehmen gleichermaßen hinwegtäuschen. Zunächst scheint diese Rechnung, wie so oft in der Vergangenheit, aufzugehen. Doch die abwartende und ängstliche Haltung der noch über geringes Kapital verfügenden Unternehmer führt zu einer zweiten Welle von Insolvenzen und Währungsabwertungen. Schließlich ist der Druck zu groß. Kurz vor der völligen Zahlungsunfähigkeit einiger Staaten erklärt eine Mehrheit der Staats- und Regierungschefs der EU das Projekt EURO für gescheitert. Die Auflösung der Zone hat radikale Folgen. In einigen Staaten Südeuropas bricht die Infrastruktur fast vollständig zusammen. In die Krise Griechenlands mischt sich der alte Grenzkonflikt mit der Türkei, der sich insbesondere aber nicht nur auf Zypern bemerkbar macht. Teile großnationalistisch gesinnter Verbände in der Türkei wittern ihre Chance mit der Schwäche Griechenlands zu alter osmanischer Größe zurück zukehren. Große Branchen wie die Automobil- und Flugzeugindustrie brechen radikal ein und müssen, um die Krise halbwegs überstehen zu können, Hunderttausende von Mitarbeiterinnen und Mitarbeitern weltweit entlassen. Zahllose „Zulieferfirmen" gehen daraufhin in den Bankrott. Das erhöht den Druck auf die ohnehin schon bis zum bersten belasteten Sozialetats der überschuldeten Staaten. In der Folge herrscht im gesamten Süden Europas ein bürgerkriegsähnlicher Zustand. Die viel zu wenigen Polizisten und das über die Jahre stetig reduzierte Personal an Soldaten leisten schon lange keinen regelmäßigen Dienst mehr. Zu oft blieben die Löhne und der Sold aus. In den sogenannten sozialen Brennpunkten der Vororte großer Metropolen wird diese Situation nur zu rasch zur Kenntnis genommen. Schnell haben sich perfekt organisierte, weil einfach hierarchisch strukturierte Banden gebildet, die nach dem Vorbild brasilianischer Favelas nachts in die Städte stürmen und rauben, was nicht niet - und nagelfest ist. Geregelte Abläufe, die so etwas Ähnliches wie Alltagsleben aufkommen lassen, gibt es jetzt nicht mehr. Jeder wird sich selbst zum Nächsten und versucht für sich zu retten, was zu retten ist. Wer nichts hat, holt es sich von dem, der es hat. Die einst so stark beschworenen zwischenstaatlichen Bündnisse wie EU oder NATO sind Geschichte. Die vormals ach so demokratischen Regierungen werden eine nach der anderen abgewählt. Auch in Deutschland hat der Sprung zurück in eine eigene Währung zu spät stattgefunden. Das starken Schwankungen ausgesetzte Zahlungsmittel mit dem originären Namen „Neu-Mark" schnellte zu Anfang so in die Höhe, dass der Exportmarkt zusammenbrach. Schnell merken kluge Politiker der alten Garde, dass mit den ehemaligen Parteinamen kein Profit mehr zu holen ist. Neue Parteien sprießen wie Pilze aus dem Boden. Ein radikalerer Reformvorschlag jagt den anderen. Doch von den mittlerweile auch Deutschland erreichten Bürgerkriegszuständen profitieren jetzt Extremisten, die man längst für tot geglaubt hatte. Wenn überhaupt noch so etwas Ähnliches wie Wahlen zustande kommt, wird sofort danach ein nur noch selten tagendes Verfassungsgericht angerufen, welches die Wahl wegen sogenannter Unregelmäßigkeiten und der Nichteinhaltung des Grundsatzes auf allgemeine, gleiche, freie und direkte Wahlen aufhebt. Das Interesse an demokratischen Strukturen schwindet zunehmend mit der sich stetig verschlechternden Gesamtsituation. Überall an den Grenzen Europas brechen Kriege aus, die eine gewaltige Völkerwanderung und Kulturrevolution zur Folge haben. Nach zwei verheerenden Wintern, in denen es zum ersten Mal seit Jahrzehnten wieder Tausende von Erfrorenen gegeben hat, bricht im dritten Sommer nach der Krise ein besonders übler Keim der Tuberkulose aus. Höchstwahrscheinlich aus Russland kommend, zieht die Krankheit durch ganz Europa und sorgt dabei nicht nur für Angst und Schrecken, sondern auch für Millionen Tote. Der Jahrzehnte während Antibiotika-Missbrauch hat die Keime resistent werden lassen. Die ihrer Herrlichkeit beraubte Pharmaindustrie scheint machtlos zu sein gegen diesen todbringenden Erreger. Hat die Tuberkulose überwiegend ältere Menschen und Kleinkinder befallen, folgen ihr schon kurze Zeit darauf durch die sich kontinuierlich verschlechternden hygienischen Bedingungen zunächst eine Typhus- und im Winter sodann eine aggressive Grippewelle. Alle drei Epidemien haben die anhaltenden Bürgerkriege nicht beendet. Langsam verschwimmen die ehemals so festgefahrenen Grenzen, die noch im Jahrhundert zuvor für erbitterte Kriege zwischen den Nationen gesorgt haben. Als gerade eine neue Generation der in diesem Chaos Geborenen heranwächst, kommt es zu der nicht mehr für möglich gehaltenen Katastrophe. Mitten in Europa gibt es den nuklearen Crash. Der atomare Gau, dessen Ursache in diesem Chaos eigentlich keine Rolle mehr spielt, führt zu einem weltweiten Schock. War in der jüngsten Vergangenheit das Fliegen, wie einst in seinen Anfängen, ohnehin nur noch einer schwindendkleinen elitären Kaste vorbehalten, wird es jetzt fast vollständig eingestellt. Die Kontinente kapseln sich mehr und mehr voneinander ab. Eurasien, Amerika, Afrika und Australien entwickeln sich weitgehend autark fort. Große technische Errungenschaften einer ehemals fortschrittsliebenden Gesellschaft, der alles möglich schien, geraten in Vergessenheit. Kontinuierlich sinkt das Bevölkerungswachstum und führt allmählich zum dramatischen Bevölkerungsrückgang. Die globale digitalisierte Informationsgesellschaft ist nicht mehr.

Im Jahre 2.738 beträgt die Weltbevölkerung gerade einmal 2,8 Millionen Menschen. Sie leben in kleinteiligen Dorfgemeinschaften. Nur hier und da existiert das eine oder andere „Großreich" mit Einwohnerzahlen von bis zu 100.000 Menschen. Die alten Religionen gibt es nicht mehr. Einige Sagen berichten von Propheten aus der „alten Welt". Mit den Namen Jesus und Mohammed können die Menschen allerdings wenig anfangen. Buddha ist noch gegenwärtig, hat seine Gestalt aber deutlich verändert. Ausschließlich schlank dargestellt, hat er von seinem Lächeln dennoch nichts verloren. Die Vergangenheit und die Archäologie im Besonderen gelten als verpönt. Auf die Frage des jungen Shan Tansman an seinen Meister Hoak Hoak am Rande des Uralgebirges, warum dies so ist, antwortet dieser:

„Alle 'Reiche' haben ihre Zeit – und jedes Herrschaftssystem auch. Lass die Vergangenheit ruhen, iss deinen Brei und mache sodann mit deinen Übungen weiter."

„Ja, Meister", antwortet Shan und blickt kurz auf die Ruinen einer unbekannten Stadt.

„Einem Menschen die höhere Form einer Wahrheit
mitzuteilen, die er nicht verstehen kann, heißt,
ihn zu belügen, weil sie, obwohl korrekt formuliert,
nicht korrekt empfangen werden kann. "
Anonym

Fata volentem ducunt, nolentem trahunt
„Das Schicksal führt den Willigen, den Sträubenden zieht es hinfort. "
Seneca

Die Welt als was? oder Finde Deinen Platz und mache Deinen Frieden

„Die Welt als Wille und Vorstellung" nannte Arthur Schopenhauer (1788 – 1860) sein 1819 erschienenes und 1844 überarbeitetes erkenntnistheoretisches Hauptwerk. Viele spätere Philosophen bezogen sich auf ihn und seine darin unter anderem geäußerten Grundsätze vom prinzipiellen Willen. Der Frage, was denn die Welt nun tatsächlich ist, bin ja auch ich an dieser Stelle immer noch eine Antwort schuldig geblieben. Und ich gestehe ein, keine Antwort geben zu können. Ohne mich mit dem großen Rechtswissenschaftler Hans Kelsen (1881 – 1973) auch nur annähernd auf eine Stufe stellen zu können, geht es mir allerdings ein wenig wie ihm, bei der Beantwortung der Frage „Was ist Gerechtigkeit?".[159]

Was die Welt ist, vermag ich nicht zu sagen. Aber diese für mich nicht klar zu definierende Welt zu verstehen, ist möglich, wenn man die in ihr bestehenden Prinzipien und mechanischen Gesetze erkannt und verinnerlicht hat. Einen Teil davon versuchte ich zu beschreiben bzw. aus der Geschichte herzuleiten. Mit dem anderen, jenseits der menschlich-sinnlichen Erfahrung liegenden Teil, von dem keine theoretische Erkenntnis möglich ist, habe ich mich bisher kaum beschäftigt. Und daher sollte das Transzendentale wenigstens zum Ende der Abhandlung seine Erwähnung finden. Dabei geht es selbstverständlich nicht, die Begriffe Transzendenz und Transzendentalität ohne den Namen Immanuel Kant (1724 – 1804) zu erwähnen. Nun verhält es sich mit Kant so, wie es Karl Jaspers (1883 – 1969) wohl einmal sehr zutreffend bemerkt haben soll: Kant zu verstehen ist eine Lebensaufgabe!

Schon 1756 setzte sich Kant in seiner Dissertation mit der Leibniz'schen Monadologie[160] auseinander und gelangte in seiner „Kritik der reinen Vernunft" von 1781/87 zur Transzendentalität. Transzendental heißt, die Grenzen der Erfahrung und der sinnlich erkennbaren Welt zu überschreiten und damit ist die transzendentale Welt, eine jenseits der Erfahrung und des Gegenständlichen liegende Welt, in der Raum und Zeit mit menschlicher Wahrnehmung nicht beschreibbar sind.

Kant hat sich als einer der wenigen Philosophen mit dem Transzendentalen beschäftigt und seinen Lesern damit viel abverlangt. Ob wirklich jeder, der

---

[159] Hans Kelsen, Was ist Gerechtigkeit?, Nachdruck Stuttgart 2010, S. 52, Erstausgabe Wien 1953
[160] Gottfried Wilhelm Leibniz, Monadologie, Stuttgart 1979 (Erstausgabe 1714)

sich (heute) auf ihn beruft, das, was Kant sagen wollte, auch verstanden hat, darf bezweifelt werden. Deshalb werde ich es schon gar nicht wagen, mich an dieser Stelle mit Kants Philosophie dezidiert auseinander zusetzen. Lesen die Einen aus Kants Schriften heraus, dass transzendental in seinem Sinne nicht mit Transzendenz verwechselt werden dürfe und Erkenntnis nur aus dem Zusammenspiel von rezeptiver Sinnlichkeit und spontaner Verständigkeit durch synthetisierende Prozesse nach Schemata und Prinzipien erfolge, so glauben die Anderen verstanden zu haben, dass bei Kant auch das Transzendente dasjenige sei, was jenseits der Erkenntnisfähigkeit liege und nicht Gegenstand des Wissens, sondern nur des Glaubens sein könne. Und der eingangs genannte Arthur Schopenhauer wies elf der insgesamt zwölf von Kant beschriebenen Kategorien zurück, mit Ausnahme der Kausalität, „weil eben das Kausalitätsgesetz die wirkliche, aber auch allein(ig)e Form des Verstandes ist, und die übrigen elf Kategorien nur blinde Fenster sind."[161]

Selbstverständlich darf für einen Materialisten wie Schopenhauer auch nur das Kausalitätsprinzip gelten, welches auf rein empirisch-materialistischen Grundlagen beruht. Jedenfalls gelangt Kant in seiner „Kritik der praktischen Vernunft" von 1788 zu Anfang seines am Ende gefassten Beschlusses zu folgender Feststellung: „Zwei Dinge erfüllen das Gemüt mit immer neuer und zunehmender Bewunderung und Ehrfurcht, je öfter und anhaltender sich das Nachdenken damit beschäftigt: Der bestirnte Himmel über mir, und das moralische Gesetz in mir. Beide darf ich nicht als in Dunkelheiten verhüllt, oder im Überschwänglichen, außer meinem Gesichtskreise, suchen und bloß vermuten; ich sehe sie vor mir und verknüpfe sie unmittelbar mit dem Bewusstsein meiner Existenz."[162]

„Dieses moralischen Gesetz in uns" kennen wir eigentlich von Geburt an. Es gebietet uns den Anderen in seiner Verschiedenheit zu achten und sein Eigentum zu respektieren. Es ist der „kategorische Imperativ", der nicht selten mit dem Satz übersetzt wird: „Was du nicht willst, das man dir tu, das füg' auch keinem ander'n zu." Er verordnet das eigene Handeln nur nach der Maxime auszurichten, von der man will, dass sie ein allgemeines Gesetz werde. Und so richtig es ist, eine Gesellschaftsordnung an verstandesmäßigen auf Vernunft basierten der Kausalität unterworfenen Prinzipien und Gesetzen auszurichten, so richtig ist es doch auch dem Übernatürlichen, Immateriellen sich in der Transzendenz Befindenden einen Platz im irdischen Sein zuzusprechen und einzuräumen.

Ganz am Ende muss sich der philosophische, ja der wissenschaftliche Geist überhaupt der Transzendentalität stellen und landet bei der Magie und den alten ewigen Weisheiten, die zu finden, zu verinnerlichen und anzuwenden die eigentliche Aufgabe des menschlichen Lebens auf dem Weg zu wahrer Erkenntnis ist. Der Entmaterialisierung schwebt dabei ein mystischer Zauber inne.

---

[161] Arthur Schopenhauer, Die Welt als Wille und Vorstellung, Band 1, Anhang
[Kritik der Kantischen Philosophie], Nachdruck Zürich 1988, S. 661
[162] Immanuel Kant, Kritik der praktischen Vernunft, Nachdruck Frankfurt a. M. 1974
(Erstausgabe Riga 1788)

In fast allen Religionen ist die Befreiung des Geistes durch Meditation und Gebet unbedingte Voraussetzung nicht nur um Gott zu schauen, sondern auch Erkenntnis zu erlangen. Sich von einem vollen Geist und unnötigem Wissen zu befreien, führt zu wahrer Erkenntnis. Jesus Christus sagt, wenn ihr Gott schauen wollt, müsst ihr sein wie die Kinder[163], also einfach denkend, unvoreingenommen und neugierig. Und der Zen-Buddhismus erklärt, überhaupt nichts zu haben und in diesem Nichts zu Allem zu gelangen. Und so *„initiiert das sokratische Wissen um das Nichtwissen damit einen dialektischen Weg, der zum wissenden Nichtwissen der absoluten Transzendenz führt"*.[164]

Was ist also nun die Welt, in der wir leben? Ein Lehrplanet, ein Ort des Leidens und ständiger Kriege, ein dionysischer Ort berauschender Feste, ein Schlaraffenland um sich fett zu fressen? Die Welt ist das, was jeder einzelne aus ihr macht. Sie ist definitiv nicht das, was die Gesellschaft aus ihr macht. Denn wer ist *die Gesellschaft*? Und vor allem: *welche Gesellschaft* und wo? Jeder ist verantwortlich für sein Handeln. Der Einzelne, in welcher Gesellschaft und an welcher Entscheidungsposition er sich auch immer befindet, trägt Verantwortung für das, was er denkt und tut, und vor allem auch für das, was er unterlässt. Versuche nichts und versuche erst gar nicht irgendwer oder irgendetwas zu sein. Erkenne, werde und sei sodann Du selbst in Wort und Tat, das heißt, tue es oder tue es nicht. Seinen ganz persönlichen Platz in der sinnlich wahrnehmbaren Welt und dazu das richtige Maß an persönlicher „Glückshormon-Ausschüttung" unter Einhaltung eines wertschätzenden Umgangs mit Allem und Jedem zu finden, könnte als sinngebender Lebensprozess zur Erlangung von Erkenntnis bezeichnet werden. Die Welt ist damit letztendlich das, was Du aus ihr machst – Deine Welt.

Bevor ich mich jetzt allerdings in unangenehmer „Klugscheißerei" ergieße, die man in jedem drittklassigen Esoterik-Bändchen nachlesen kann, schließe ich lieber mit einer Anekdote, die man über den US-amerikanischen Präsidenten Franklin Pierce (1804 – 1869) erzählt. Der vom Schicksal stark gebeutelte Pierce wurde von seiner demokratischen Partei nach der ersten Amtszeit nicht wieder zur Präsidentschaftswahl nominiert. Nach dieser Entscheidung witzelte Pierce, wie erzählt wird, „es gibt nichts mehr zu tun, als zu trinken".[165] Offensichtlich war für ihn gegen Ende seines Lebens der Alkohol die sinngebende Substanz geworden. Pierce starb im Jahr 1869 an den Folgen einer Leberzirrhose.

---

[163] Vgl. Markus 10, 13 und Matthäus 18, 3

[164] Vgl. Wikipedia, Transzendenz, unter Verweis auf Jens Halfwassen, Der Aufstieg zum Einen, 2. erw. Aufl., München u. Leipzig 2006

[165] Vgl. Wikipedia, http://de.wikipedia.org/wiki/Franklin_Pierce

Schlusswort

Was bleibt am Schluss meiner Abhandlung noch zu sagen? Vielleicht nicht mehr als die Antwort, die Monty Python's am Ende ihres legendären Films „Der Sinn des Lebens" aus dem Jahre 1983 geben:

„Seien Sie nett zu Ihren Nachbarn, vermeiden Sie fettes Essen, lesen Sie ein paar gute Bücher, machen Sie ein paar Spaziergänge und versuchen Sie in Frieden und Harmonie mit Menschen jeden Glaubens und jeder Nation zu Leben."

Diesen Schluss wählte übrigens auch Richard David Precht in seinem lesenswerten Buch „Wer bin ich und wenn ja, wie viele?" und ich sehe mich an dieser Stelle mit dem Vorwurf des Abschreibens konfrontiert. Damit kann ich allerdings gut leben, weil ich gleichzeitig Werbung für sein Buch mache. Seinen Kritikern, die ihm und vielleicht auch mir vorwerfen werden, nichts bis wenig Neues und dazu noch dünn verpackt, geliefert zu haben, kann ich nur fragend entgegen: Was habt Ihr erwartet? Wo soll zwischen Konfuzius und Kant noch etwas Neues herkommen? Und in welch hieroglyphischer Ausführung soll es erscheinen? Zu Anfang schrieb ich, wer also glaubt in den folgenden Ausführungen etwas Neues zu finden, wird sich je nach Aus- und Fortbildung enttäuscht sehen. Und trotzdem hat sich vielleicht die Sichtweise oder wenigstens der Blickwinkel des Einen oder der Anderen etwas geändert.

Sicherlich empfiehlt sich aber an dieser Stelle eine kurze Zusammenfassung des zuvor Dargelegten, wobei es sich dabei natürlich um mehr oder weniger *persönliche Erkenntnisse* handelt: Die gesamte Welt ist polar. Die uns umgebende Materie ist genauso unklar und verschwommen wie unsere Entstehungsgeschichte. Wir unterliegen gewissen physikalischen, genetischen und sozio-kulturellen Prinzipien, sind jedoch gleichzeitig frei in unseren Entscheidungen. Wir wissen wenig bis nichts über unsere Herkunft und sehen uns mit rätselhaften Artefakten und Zeichen konfrontiert, die den Schluss zulassen, dass wir in Kontakt mit fremden Wesenheiten standen und wahrscheinlich immer noch stehen. Der Krieg ist eine ebenso historische wie gegenwärtige Realität und Bestandteil des menschlichen Lebens. Wir können nicht ohne und friedlich nicht mit der Religion in der Welt leben. Der Mensch bedarf der Spiritualität und kollektiver Vereinigungserlebnisse. Der Zugang zu Gott und zur Transzendenz hingegen ist ein ganz individueller. Macht ist ein allgegenwärtiger, nicht auszuschließender Faktor im gesellschaftlichen Zusammenleben. Indizien für die Machtkonzentration in den Händen einiger weniger Menschen sind allgegenwärtig und legen den Schluss einer Herrscherkaste nahe. Geld als Machtfaktor spielt dabei die maßgebende Rolle. Niemand sollte seiner ganz eigenen Erfahrungen beraubt werden oder sich ihrer berauben lassen. Nur sie führen zur Identität und in der Folge zu wahrer Erkenntnis. Ein jeder trägt die Verantwortung seines tagtäglichen Handelns selbst. Für die Mächtigen gilt es Verantwortung zu teilen und für die vermeintlich Ohnmächtigen Verantwortung zu übernehmen. So ist nach dem Erkennen des eigenen Ichs das Finden und Gehen des persönlichen Weges mit dem richtigen Umgang der Verantwortung im Hier und Jetzt die Grundlage für alle weitere Erkenntnis.

Es konnte hoffentlich gezeigt werden, dass die Welt nicht zwangsläufig so ist, wie sie sich uns darstellt. Unser Bewusstsein kreiert eine Realität, um sich in dem es umgebenden Raum zurecht zu finden. Wir Menschen sind zwar Geschöpfe unseres genetischen Codes, unserer Sozialisation und unterliegen mit unserer (Re-)Inkarnation auch den Gesetzen der klassischen Physik. Wir sind allerdings frei in unserem Handeln und zu weit höheren Leistungen im Stande, als es der uns umgebende Raum und die engen Gesetze der Mechanik und Genetik zu erlauben scheinen.

Daher bedarf es dreier Schritte, um zu wahrer Erkenntnis mit dem eventuellen Ziel späterer Meisterschaft zu gelangen. Erstens: die Bewusstwerdung der unter anderem hier dargelegten Grundlagen und der Menschheitsgeschichte unter Berücksichtigung des Erkennens der eigenen Identität. Zunächst muss der Mensch lernen die Welt zu verstehen und ihre Gesetze zu begreifen. Stetes Lernen ist die Grundvoraussetzung zu allem Folgenden. Zweitens muss ein jeder die gewonnenen Erkenntnisse verinnerlichen. Nur wer die gewonnenen Erkenntnisse tief und stets abrufbar in sich trägt, ist reif für den dritten Schritt: die Anwendung. Anwendung heißt kontinuierlich auf das bewusste und verinnerlichte Wissen zugreifen zu können und die Maximen in seinem täglichen Leben auch zu beherzigen – beides in jeder auch noch so schwierigen Situation einzusetzen.

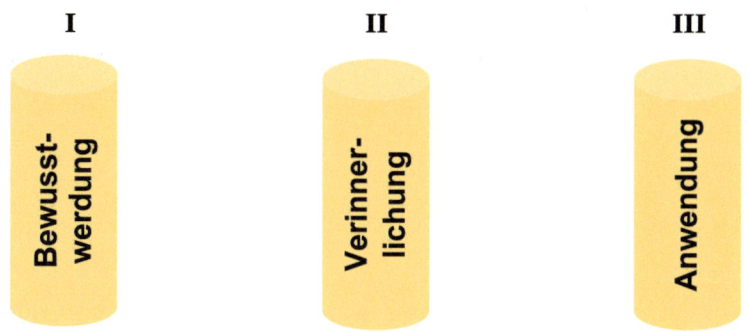

BVA-3-Säulenmodell

Subjektiv steht die erste Säule für die Ich-Erkennung: ICH BIN. Die zweite Säule versinnbildlicht die vertiefende Erkenntnis zu wissen, wer und was ich bin. Die dritte Säule schließlich ist das Leben: Ich lebe, was ich bin. Viele Menschen suchen zu lange nach ihrer eigenen Identität und rennen einem Phantom hinterher oder wollen ein Anderer sein, weil sie die eigene Identität nicht kennen oder gar verabscheuen. Andere wiederum spielen eine Rolle, ohne überhaupt auch nur einen Gedanken an die eigene Identität zu verschwenden.

Objektiv steht die erste Säule für das Wahrnehmen, Lernen, Denken und Fühlen, also das Menschwerden und -sein. Die zweite Säule kennzeichnet das Können, die handwerkliche Machbarkeit des Möglichen, ein ständiges Repetieren. Die dritte Säule schließlich beinhaltet die harmonische Verbindung des Wissens und Könnens, das Anwenden des Gelernten. Dazu gehört auch eine stete Befreiung des Geistes. Leere schafft Platz für Fülle. So sind Erkennen, Annehmen und Leben der sich ständig wiederholende Prozess zur Erlangung von Erkenntnis.

Mein Appell richtet sich in erster Linie an diejenigen, die noch in „altem Glauben" verharren. Erst, wenn wir aufgehört haben, uns irgendwelche Oblaten in den Mund legen zu lassen und vor einem Kreuz auf die Knie zu fallen, erst, wenn wir aufgehört haben barfuss auf irgendwelchen Teppichen unserem Hintermann den Po entgegenzustrecken, erst, wenn wir aufgehört haben, kleinen Jungs die Vorhaut abzuschneiden oder schlimmer noch jungen Mädchen die Schamlippen und die Klitoris abzutrennen, erst, wenn wir aufhören Fleisch von dem einen Tier als heilig und von dem anderen als unrein anzusehen, erst, wenn wir aufgehört haben in einen nicht gerade sauberen Fluss zu steigen und uns darin unterzutauchen, erst dann werden wir frei sein für die göttliche Wahrheit und die eigene Öffnung unserer Existenz zu einer nennen wir sie ruhig einmal transzendentalen Welt.

Wer an Traditionen festhält, nur um der Tradition willen, leitet schon den Untergang seiner Kultur ein. Es mag gut sein Traditionen zu wahren, aber verwerflich ist es, dies nur um der Tradition willen zu tun. Im Wassermannzeitalter und Sprung in ein neues Millennium sind wir aufgerufen uns althergebrachter, überkommener Gewohnheiten, Rituale und Normen zu entledigen. Und dies sollte schnell geschehen, denn die zusammengewachsene vernetzt-globalisierte Welt duldet keinen Aufschub. Was heute beispielsweise in einem Vorort von Sao Paulo als unbedeutende Kleinigkeit passiert, kann morgen schon zur Auslöschung der gesamten Menschheit führen. Wir müssen begreifen, dass die Welt mehr ist, als die uns umgebende grobstoffliche Materie. Sie ist Bestandteil eines viel-dimensionalen Möglichkeitsraumes, der alles zulässt, was vorstellbar ist. Gedanken sind genauso Energie, wie Materie es ist. Ob sie positiv oder negativ geladen ist, entscheidet jeder Mensch, aber auch jedes kollektive Bewusstsein selbst. Wenn also am Abend Blut und Gewaltexzesse über die (Flach-)Bildschirme in unseren Wohnungen flimmern, werden umso mehr Menschen am darauffolgenden Tag einen grauenvollen Tod erleiden.

Wir müssen aber und vor allem anderen damit aufhören, irgendwelchen Idolen hinterherzulaufen oder den vermeintlich großen Meistern und Weisen Gefolgschaft zu leisten. Ebenso wenig sollten wir Hoffnungen auf großartige HeiIer oder die moderne Medizin hegen. Sich von Anderen inspirieren zu lassen, ist richtig und gut. Eigene Fähigkeiten zu entwickeln und sich seines Denkens und Handelns bewusst zu werden, ist hervorragend. Denn in jedem Mensch steckt ein Meister, ein Prophet, ein „Jedi", ein Teil göttlicher Wahrheit und Energie. Er wartet nur darauf entdeckt und erweckt zu werden – von Dir allein in Liebe!

Literaturverzeichnis

Das Literaturverzeichnis enthält zitierte und nicht-zitierte Literatur, die zu lesen sich lohnt. Die Literatur ist der besseren Nachverfolgung halber den einzelnen Kapiteln zugewiesen.

Kapitel 1

Das Gesetz der Polarität

Handbuch philosophischer Grundbegriffe
Herausgegeben von Hermann Krings, Hans Michael Baumgartner,
Christoph Wild
München 1973

Hirschberger, Johannes
Geschichte der Philosophie
Lizenzausgabe Freiburg i. Br., Frankfurt a. M. 2000

Meehan, Eugene J.
Praxis des wissenschaftlichen Denkens
Reinbek bei Hamburg 1992

Das mechanistische Weltbild

Hawking, Stephan
Eine kurze Geschichte der Zeit
(Die Suche nach der Urkraft des Universums)
Reinbek bei Hamburg 1988

Lesch, Harald
Astrophysik
[Die Elemente, Naturphilosophie, Relativitätstheorie & Quantenmechanik]
München 2011

Popper, Karl
Logik der Forschung
10. Auflage, Tübingen 1994

Die moderne Quantenphysik und die Suche nach der Antwort

Capra, Fritjof
Das Tao der Physik
4. Auflage, Frankfurt am Main 2008

Fritzsch, Harald
Elementarteilchen (Bausteine der Materie)
München 2004

Ingold, Gert-Ludwig
Quantentheorie (Grundlagen der modernen Physik)
4. Auflage, München 2008

Polkinghorne, John
Quantentheorie (Eine Einführung)
Stuttgart 2006 (Erstausgabe 2002)

Starkmuth, Jörg
Die Entstehung der Realität
Wie das Bewusstsein die Welt erschafft
2. Auflage, Bonn 2006

Der materielle Mensch und seine Sexualität

Blech, Jörg
Gene sind kein Schicksal
Wie wir unsere Erbanlagen und unser Leben steuern können
Frankfurt am Main 2010

Blome, Hans-Joachim und Zaun, Harald
Der Urknall (Anfang und Zukunft des Universums)
2. Auflage, München 2007

Charlesworth, Brian und Deborah
Evolution (Eine Einführung)
Stuttgart 2012 (englische Originalausgabe 2003)

Junker, Thomas
Die Evolution des Menschen
2. Auflage, München 2008

König, Michael
Der kleine Quantentempel
Selbstheilung mit der modernen Physik
Berlin, München 2011

Pease, Allan und Barbara
Warum Männer nicht zuhören und Frauen schlecht einparken
Ganz natürliche Erklärungen für eigentlich unerklärliche Schwächen
15. Auflage, München 2002

Singer, Wolf
Das Gehirn – ein Orchester ohne Dirigent
Festvortrag anlässlich der Jahresversammlung der Max-Planck-Gesellschaft
in Rostock, 2005

Wuketits, Franz M.
Evolution (Die Entwicklung des Lebens)
3. Auflage, München 2009

Kapitel 2

Die Entstehung des Menschen

Bramley, William
Die Götter von Eden
3. Aufl., Peiting 1995 (Erstausgabe 1989)

Darwin, Charles
Die Abstammung des Menschen
in: Gesammelte Werke
Lizenzausgabe, Neu-Isenburg 2006

Glasenapp, Helmuth von
Die fünf Weltreligionen
Hinduismus, Buddhismus, Chinesischer Universismus, Christentum, Islam
Sonderausgabe, München 1996
[auch für Kapitel 3]

Sallaberger, Walther
Das Gilgamesch-Epos
München 2008

Schrenk, Friedemann
Die Frühzeit des Menschen
5. Aufl., München 2008

Sitchin, Zecharia
Der zwölfte Planet
Rottenburg 2003 (Erstausgabe 1976)

Sitchin, Zecharia
Stufen zum Kosmos
Rottenberg 2003 (Erstausgabe 1980)

Frühe Hochkulturen – Das Rätsel Ägyptens

Bauval, Robert
Das Rätsel der Sphinx, in: Die großen Rätsel
Köln 1996

Bauval, Robert und Hancock, Graham
Der Schlüssel zur Sphinx
(Auf der Suche nach dem geheimen Ursprung der Zivilisation)
Rottenburg 2008 (Erstausgabe 1996)

Bauval, Robert
Der Ägyptencode
Rottenburg 2007

Bergmann, Horst und Rothe, Frank
Der Pyramiden-Code (Das Rätsel ist gelöst)
Kreuzlingen/München 2001

Champdor, Albert
Das ägyptische Totenbuch
München/Zürich 1980

Ercivan, Erdogan
Verbotene Ägyptologie
(Rätselhafte Wissenschaft und Hochtechnologie der Pharaonen)
17. Aufl., Rottenburg 2007 (Erstausgabe 2001)

Herodot
Historien
Deutsche Gesamtausgabe, übersetzt von A. Horneffer,
neu herausgegeben und erläutert von H. W. Haussig
4. Auflage, Stuttgart 1971

Hornung, Erik
Einführung in die Ägyptologie
7. Aufl., Darmstadt 2010

Hornung, Erik
Der Geist der Pharaonenzeit
Düsseldorf 2005 (Erstausgabe 1989)

Jánosi, Peter
Die Pyramiden
2. Aufl., München 2010

Lehner, Mark
Geheimnis der Pyramiden
Sonderausgabe München 2004 (Erstausgabe 1997)

Propyläen Weltgeschichte in 10 Bänden
Berlin, Frankfurt am Main 1991 (Nachdruck der Ausgabe von 1960-64)

Riese, Berthold
Die Maya (Geschichte – Kultur – Religion)
6. Aufl., München 2006

Sasse, Torsten und Haase, Michael
Im Schatten der Pyramiden
(Spurensuche im Alten Ägypten)
2. Aufl., Düsseldorf 1998

Schlögl, Hermann Alexander
Das Alte Ägypten
3. Aufl., München 2008

Schneider, Thomas
Die 101 wichtigsten Fragen – Das Alte Ägypten
München 2010

Schneider, Thomas
Lexikon der Pharaonen
Düsseldorf 2002

Steiner, Rudolf
Ägyptische Mythen und Mysterien
(Zyklus von 12 Vorträgen aus dem September 1908)
4. Aufl., Dornach/Schweiz 1978 (Erstausgabe Berlin 1911)

Verner, Miroslav
Die Pyramiden
Reinbek bei Hamburg 1999 (Erstausgabe 1997)

West, John Anthony
Die Schlange am Firmament
(Die Weisheit des Alten Ägypten)
Frankfurt am Main 2000 (Originalausgabe, Wheaton 1993)

Zick, Michael
Die rätselhaften Vorfahren der Inka
Stuttgart 2011

Antike und Mittelalter

Zur römischen Geschichte gelten neben Cassius Dio immer noch Sueton und Tacitus als wichtigste Überlieferer damaliger Ereignisse.

König, Ingmar
Der römische Staat (Ein Handbuch)
Stuttgart 2007

König, Ingmar
Der römische Staat II (Die Kaiserzeit)
Stuttgart 1997

Seibt, Ferdinand
Glanz und Elend des Mittelalters
(Eine endliche Geschichte)
Berlin 1987, Sonderausgabe 1999

Sunzi
Die Kunst des Krieges
Lizenzausgabe, Hamburg 2008

Zippelius, Reinhold
Staat und Kirche
(Eine Geschichte von der Antike bis zur Gegenwart)
München 1997

Zweig, Stefan
Sternstunden der Menschheit
Frankfurt a. M. 1971, Nachdruck der Erstausgabe Leipzig 1927

Heute ist gestern – oder die Zukunft ist schon da

Blask, Falko und Windhorst, Ariane
Zeitreisen
(Die Erfüllung eines Menschheitstraums)
Reinbek bei Hamburg 2009

Geißler, Karlheinz
Alles hat seine Zeit, nur ich hab keine
München 2011

Geißler, Karlheinz
Enthetzt Euch!
(Weniger Tempo – mehr Zeit)
Stuttgart 2012

Geißler, Karlheinz
Wart' mal schnell
(Minima Temporalia)
Stuttgart/Leipzig 2002

Kapitel 3

Die etwas andere Christusgeschichte

Brankaer, Johanna
Die Gnosis (Texte und Kommentar)
Wiesbaden 2010

Die Bibel
Nach der deutschen Übersetzung Martin Luthers
Stuttgart 1956/64

Ceming, Katharina und Werlitz, Jürgen
Die verbotenen Evangelien (Apokryphe Schriften)
Wiesbaden 2004

Weber, Hartwig
Religion
Lexikon der Grundbegriffe in Christentum und anderen Religionen
Reinbek bei Hamburg 1992

Mohammed und der Islam

Der Islam – Ein Lesebuch
Herausgegeben von Maria Haarmann
2. Auflage, München 1994

Der Koran
Das Heilige Buch des Islam
Nach der Übertragung von Ludwig Ullmann
Neu bearbeitet und erläutert von L. W. Winter
München 1959

Eaton, Charles Le Gai
Der Islam und die Bestimmung des Menschen
3. Auflage, München 2000

Gnilka, Joachim
Bibel und Koran
Was sie verbindet, was sie trennt
Freiburg im Breisgau 2010 (Erstausgabe 2004)

Halm, Heinz
Der Islam – Geschichte und Gegenwart
3. Auflage, München 2001

Kleine-Hartlage, Manfred
Das Dschihadsystem – Wie der Islam funktioniert
Gräfelfing 2010

Die ewige Suche nach der spirituellen Glückseligkeit

Bischoff, Erich, Winter, Jakob, Wünsche, August
Die Kabbala
(Einführung in die jüdische Mystik und Geheimwissenschaft)
Sonderausgabe, Paderborn (?)

Endres, Franz Carl und Schimmel, Annemarie
Das Mysterium der Zahl
Sonderausgabe, München 1998

Konfuzius
Der Weg der Wahrhaftigkeit
(übersetzt von Richard Wilhelm und herausgegeben von Waltraud John)
Köln 2008

Kopp, Zensho W.
Die Freiheit des Zen
(Das Zen-Buch, das alle Begrenzungen sprengt)
2. Aufl., Darmstadt 2007

Laotse
Tao Te King
(Das Buch vom Sinn und Leben, übersetzt und kommentiert von Richard
Wilhelm)
Sonderausgabe, Kreuzlingen/München 2004

Sri Yukteswar Giri, Jnanavatar Swami
Die Heilige Wissenschaft
6. Aufl., München 1981

Der Talmud
(Ausgewählt, übersetzt und erklärt von Reinhold Mayer)
München 1980 (Erstausgabe 1963)

Wehr, Gerhard
Europäische Mystik
(Eine Einführung)
Lizenzausgabe Wiesbaden (?)

Kapitel 4

Macht und nochmals Macht

Arendt, Hannah
Macht und Gewalt
München 1970

Berschneider, Werner
Wenn Macht krank macht
(Narzissmus in der Arbeitswelt)
Gnadenthal/Hünfelden 2011

Dethlefsen, Thorwald und Dahlke, Rüdiger
Krankheit als Weg
(Deutung und Bedeutung der Krankheitsbilder)
München 1983

Dethlefsen, Thorwald
Schicksal als Chance
(Das Urwissen zur Vollkommenheit des Menschen)
München 1979

Machiavelli, Niccolò
Der Fürst
(Aus dem Italienischen von Friedrich von Oppeln-Bronikowski)
Frankfurt am Main 1990 (Erstausgabe 1513/14)

Selbsterkenntnis ist der erste Weg zur Besserung

Fromm, Erich
Haben oder Sein
(Die seelischen Grundlagen einer neuen Gesellschaft)
München 1979 (Erstausgabe/Originalaisgabe 1976)

Greene, Robert
Power (Die 48 Gesetze der Macht)
6. Aufl., München 2006 (Originalausgabe Viking, New York 1998)

Greene, Robert
Die 24 Gesetze der Verführung
3. Aufl., München 2007 (Originalausgabe Viking, New York 2001)

Klein, Stefan
Alles Zufall
(Die Kraft, die unser Leben bestimmt)
2. Aufl., Reinbek bei Hamburg 2004

Verschwörungstheorien

Kleine-Hartlage, Manfred
Neue Weltordnung (Zukunftsplan oder Verschwörungstheorie?)
Edition Antaios, Reihe kaplaken, Band 30
Schnellroda 2011

Klöckner, Marcus B.
9/11 – Der Kampf um die Wahrheit
Hannover 2011

Wisnewski, Gerhard
Operation 9/11 (Angriff auf den Globus)
München 2003

Kapitel 5

Hilf Dir selbst, dann hilft Dir...?

Borchert, Jürgen
Sozialstaatsdämmerung
München 2013

Gawain, Shakti
Stell dir vor (Kreativ visualisieren)
Reinbek bei Hamburg 1986 (Originalausgabe 1978)

Mohr, Bärbel
Bestellungen beim Universum
(Ein Handbuch zur Wunscherfüllung)
22. Aufl., Aachen/Düsseldorf 2004

Watzlawick, Paul
Anleitung zum Unglücklichsein
15. Aufl., München 1996 (Originalausgabe 1983)

Vom Ego-Prinzip zum Wir-Prinzip

Jonas, Hans
Das Prinzip Verantwortung
(Versuch einer Ethik für die technologische Zivilisation)
Frankfurt am Main 1984

Jonas, Hans
Technik, Medizin und Ethik
(Zur Praxis des Prinzips Verantwortung)
Frankfurt am Main 1987 (1985)

Leibniz, Gottfried Wilhelm
Fünf Schriften zur Logik und Metaphysik
[Über den ersten Ursprung der Dinge]
(Übersetzt und herausgegeben von Herbert Herring)
Stuttgart 1966 (1995)

Die Welt als was? oder Finde Deinen Platz und mache Deinen Frieden

Bovay, Michel, Kaltenbach, Laurent, De Smedt, Evely
ZEN – Praxis und Lehre, Geschichte und Perspektiven
München 1996

Kant, Immanuel
Kritik der praktischen Vernunft
Nachdruck, Frankfurt am Main 1974 (Erstausgabe Riga 1788)

Kant, Immanuel
Kritik der reinen Vernunft
Nachdruck, Frankfurt am Main 1974 (Erstausgabe Riga 1781)

Kelsen, Hans
Was ist Gerechtigkeit?
Nachdruck, Stuttgart 2010 (Erstausgabe Wien 1953)

Leibniz, Gottfried Wilhelm
Monadologie
Stuttgart 1979 (Erstausgabe 1714)

Schopenhauer, Arthur
Die Welt als Wille und Vorstellung
Sonderausgabe, Zürich 1988 (nach der Brockhausauflage, Leipzig 1859)

Schlusswort

Halfwassen, Jens
Der Aufstieg zum Einen
(Untersuchungen zu Platon und Plotin)
2. erw. Aufl., München und Leipzig 2006

Precht, Richard David
Wer bin ich und wenn ja, wie viele?
(Eine philosophische Reise)
21. Aufl., München 2007

Bildnachweis

Seite 12: © ESA – mit freundlicher Genehmigung der ESA und der Bildzeitung

Seite 31: Autor NordNordWest *
https://commons.wikimedia.org/wiki/File:Karte_Mesopotamien.png

Seite 35: © Ricardo Liberato
https://commons.wikimedia.org/wiki/File:All_Gizah_Pyramids.jpg
This file is licensed under the Creative Commons Attribution-Share Alike 2.0 Generic license.

Seite 73: Autor AnonMoos
https://commons.wikimedia.org/wiki/File:Kabbalistic_Tree_of_Life_(Sephiroth).svg

Seite 91/92: Autor Anton at de.wikipedia *
https://commons.wikimedia.org/wiki/File:World-pop-hist-de-2.png

Seite 101: Autor Patrick R. Schenk

* Permission is granted to copy, distribute and/or modify this document under the terms of the GNU Free Documentation License, Version 1.2 or any later version published by the Free Software Foundation; with no Invariant Sections, no Front-Cover Texts, and no Back-Cover Texts. A copy of the license is included in the section entitled GNU Free Documentation License.

Über den Autor

Patrick R. Schenk, Jahrgang 1968, studierte Rechtswissenschaften, Geschichte und Psychologie an den Universitäten in Frankfurt am Main und Freiburg im Breisgau. Seit 1999 als Rechtsanwalt in Frankfurt am Main zugelassen, arbeitet er heute bei einem großen Unternehmen der Luftfahrtbranche. Seit 1997 ist er in Frankfurt am Main kommunalpolitisch aktiv. Er ist seit 2001 Mitglied der Frankfurter Stadtverordnetenversammlung und veröffentlichte unter anderem Lyrik und Prosa im Pharus-Verlag, Berlin. Aktuell arbeitet er an einer demokratie- und gesellschaftskritischen Abhandlung mit dem Titel „Vom Ende der Demokratie – Warum die moderne demokratische Gesellschaft gescheitert ist".

Notizen